Gebissgesundheit

Materialien für die Grundschulen
(Klassen 1–4)

Karlheinz Kollehn
Wolfgang Schill
Alfred Pommerenke
Erika Reihlen

Verein für Zahnhygiene e. V., Darmstadt
3. überarbeitete Ausgabe

IMPRESSUM

Herausgeber

Verein für Zahnhygiene e.V.
Dr. med. dent. Matthias Lehr
Liebigstraße 25
D-64293 Darmstadt
Telefon 0 61 51/1 37 37-10
Telefax 0 61 51/1 37 37-30
E-Mail info@zahnhygiene.de
www.zahnhygiene.de

Autoren

Univ.-Prof. Karlheinz Kollehn, ehemals Fachbereich 02 Erziehungs- und Unterrichtswissenschaften der Technischen Universität Berlin – Institut für Fachdidaktik Geschichts- und Sozialwissenschaften, Lernbereich Sachunterricht (Unterrichtsbausteine)

Wolfgang Schill, Oberfachverwaltungsrat, Pädagogischer Referent für Medienerziehung am Berliner Landesinstitut für Schule und Medien, Lehrbeauftragter für den Lernbereich Sachunterricht am Fachbereich 02 Erziehungs- und Unterrichtswissenschaften der Technischen Universität Berlin (Unterrichtsbausteine)

Alfred Pommerenke, Assessor des Lehramts, Regierungsdirektor a.D., Lehrbeauftragter für Didaktik der Gesundheitserziehung an der Universität Koblenz/Landau (Sachinformationen)

Dr. med. dent. Erika Reihlen, Medizinaldirektorin a.D. (Zahnärztin für Öffentliches Gesundheitswesen), Vorsitzende der Landesarbeitsgemeinschaft Berlin zur Verhütung von Zahnerkrankungen e.V. (Sachinformationen)

Mitarbeit

Dr. phil. Felix Magri, MPH, Stiftung für Schulzahnpflegehelferinnen, Zahnmedizinisches Zentrum der Universität Zürich

Wissenschaftliche Beratung

Univ.-Prof. em. Dr. med. dent. Hans-Jürgen Gülzow (Hamburg)
Univ.-Prof. em. DDS, PhD Frans P. G. M. van der Linden (Nijmegen)
Dr. med. dent. Peter Purucker (Charité, Universitätsmedizin Berlin)
Dr. rer. nat. Friedrich-Wilhelm Schröder (Weil am Rhein)
Univ.-Prof. Dr. med. Ulrich Vogel (Würzburg)
Univ.-Prof. Dr. med. dent. Wolfgang Wiedemann (Würzburg)
Dr. med. dent. Stefan Zimmer (Westdeutsche Kieferklinik, Düsseldorf)

Unterrichtliche Erprobungen

Angelika Kuntzsch, Gabriele Rabe, Ute Rosen-Härtel, Karin Ronneberger, Silke Scholz

Gestaltung der Sachgrafik

Regina Oberdörfer

Gestaltung der Vignetten und Cartoons

Erich Rauschenbach

Fotografische Medien und Abbildungen

- Aktion zahnfreundlich e. V. (Abb. S. 127)
- Dr. med. dent. Wolfgang Bengel (Abbildungen 9, 12.1, 12.2, 18, 20, 26, 29, 35, 37.2)
- Dentaurum, Ispringen (Abb. 37.1)
- frasaco, Tetnang (Abb. 2)
- Fraunhofer Institut Werkstoffmechanik, Halle/Saale (Abb. 24)
- Jürgen Junker-Rösch (1./2. Schuljahr: M 7, M 8, M 13; 3./4. Schuljahr: M 2, M 4, M 7.2)
- Dr. Klee (Fachlabor), Frankfurt am Main (Abb. 36.2)
- Dr. med. dent. Mathias Lehr (Abbildungen 8, 36.1)
- Spitta Verlag, Balingen (Abb. 33)
- Unbekannter Künstler: „Der Landarzt" (3./4. Schuljahr: M 7.1 „Vom Zahnreißer zum Zahnarzt"), Radierung, England, 18. Jahrhundert; aus: Die Zahnheilkunde in Kunst und Karikatur, S. 186
- Verein für Zahnhygiene e. V. (Abbildungen 10, 13.1, 13.2, 14)
- Voko, Cuxhaven (Abb. 30)

Leitung des Projekts

Alfred Pommerenke

Layout und Realisation

IP Advertising GmbH, Mönchengladbach

1. Ausgabe 2003
2. überarbeitete Ausgabe 2004
3. überarbeitete Ausgabe 2007

Die Deutsche Bibliothek verzeichnet diese Publikation in der Deutschen Nationalbibliografie; detaillierte bibliografische Daten sind im Internet über dnb.ddb.de abrufbar.

ISBN 978-3-936818-01-7

Druck

Peschke Druck, München

INHALT

1. Gebissgesundheit als Teil schulischer Gesundheitserziehung

Leitgedanke einer zeitgemäßen Gesundheitserziehung ist es, Kindern und Jugendlichen gesundheitsförderliche Kompetenzen zu vermitteln, die sie vor allem befähigen,

- die eigene Gesundheit als erstrebenswertes Gut zu betrachten;
- selbst bestimmte Ziele zu erreichen;
- das eigene Leben handelnd zu gestalten;
- soziale Beziehungen herzustellen und aufrecht zu erhalten sowie
- Lebensfreude und Genussfähigkeit zu entwickeln.

Im Kindheits- und Jugendalter werden die wesentlichen „Lebens-Grundlagen" (z. B. Verhaltensweisen, Lebensstile, Überzeugungen, Wertvorstellungen) erworben, die prägend für den Umgang mit der Gesundheit im späteren Leben sind. Bezogen auf die allgemeinen Ziele von Gesundheitserziehung ist es somit wesentliche Aufgabe der Gebissgesundheitserziehung in der Grundschule, einen Beitrag dafür zu leisten, dass Kinder durch eigenes und gemeinsames Handeln vor allem erfahren,

- welche Funktionen ein gesundes Gebiss für sie selbst und andere hat;
- dass sie selbst lebenslang für die Gesundheit ihrer Zähne vor allem durch richtige Pflege, Fluoridierung, Ernährung, Gruppen- und Individualprophylaxe sorgen müssen und
- dass Zahnärztinnen/Zahnärzte sie fachgerecht beraten und behandeln.

Diese wesentlichen Aufgaben der Gebissgesundheitserziehung stehen nicht isoliert, sondern werden im Kontext einer „gesundheitsfördernden Schule" gesehen. Das heißt, nicht nur Kinder und Lehrkräfte sind in die Arbeit einbezogen. Auch andere am Schulleben beteiligten Personen (wie z. B. Eltern, Jugendzahnärztinnen/Jugendzahnärzte) versuchen, „die Gesundheit der Schule" selbst zu ihrem Thema zu machen und einen gesundheitsfördernden Schulentwicklungsprozess einzuleiten und dauerhaft zu gestalten.

2. Gebissgesundheitserziehung im Unterricht

Wie Erfahrungen mit Präventionsprogrammen in der Grundschule zeigen, sind solche Angebote vor allem dann wirkungsvoll und erfolgversprechend, wenn sie die Interessen und Bedürfnisse von Kindern aufnehmen und ihnen Wege und Verfahren aufzeigen, wie sie sich handelnd mit unterschiedlichen Lebenssituationen auseinander setzen können.

Bezogen auf das Thema Gebissgesundheit ergeben sich für die unterrichtliche Behandlung auf der einen Seite immer dann „gute" Ansatzpunkte, wenn Kinder „Probleme" mit ihren eigenen Zähnen haben (Zahnwechsel, Zahnspange, Zahnschmerzen, Karies u. a.). Auf der anderen Seite zeigt sich aber gleichzeitig die Schwierigkeit, Kinder, die „ohne Zahnprobleme" sind, sensibel dafür zu machen, dass die nachhaltige Vorsorge für ihr Gebiss einen hohen Stellenwert hat. Auf Grund dieser ambivalenten Situation empfiehlt es sich, im Unterricht gemeinsam mit Kindern herauszufinden, welche thematischen Aspekte für sie in Bezug auf die unterrichtliche Behandlung von wesentlicher Bedeutung sind.

Diese situationsbezogenen Themen werden dann zum Gegenstand einer gemeinsamen Auseinandersetzung in einer Lehr-/Lerngruppe.

In diesem Sinne sind im Folgenden Unterrichtsmaterialien in Form eines Baukastens zusammengestellt worden. Dieser Baukasten enthält eine Anzahl von Bausteinen, die einer Lehr-/Lerngruppe interessen- und situationsorientiertes Arbeiten ermöglichen können. Das heißt, aus einem thematisch geordneten Angebot von Materialien und Medien können Lehrkräfte verschiedene „Montageteile" auswählen, um mit Kindern „ihren" Unterricht zu gestalten.

Ziele, Inhalte, Methoden, Medien und Materialien der Bausteine sowie mögliche Kombinationen von Bausteinen beruhen auf unterrichtspraktischen Erprobungen. Dabei gewonnene Aussagen der Kinder werden kursiv wiedergegeben.

3. Themen der Bausteine

In den Bausteinen werden die ***vier zentralen Themenbereiche*** der Gebissgesundheitserziehung jeweils angemessen berücksichtigt:

- (1) Bau und Leistung des Gebisses
- (2) Entstehung und Verlauf von Zahn- und Gebisserkrankungen
- (3) Gesunderhaltung des Gebisses
- (4) Zahnärztin/Zahnarzt – Zahnärztliche Behandlung

Die ***Sachinformationen im 5. Kapitel*** dienen der Lehrperson zur Vorbereitung des Unterrichts. Mit ihnen lassen sich die inhaltlichen Schwerpunkte der Bausteine erweitern und vertiefen. Sie gehen an vielen Stellen bewusst über die im Unterricht erforderlichen fachspezifischen Informationen hinaus und geben damit den Lehrerinnen/Lehrern die Möglichkeit, auch auf weitergehende Fragen der Kinder einzugehen. Ferner lassen sich eine Reihe von Abbildungen für die Herstellung von eigenen Materialien und Medien nutzen (z. B. für Arbeitsblätter oder Folien für die Overhead-Projektion [OH-Folien]).

Einige der vorgeschlagenen Unterrichtsthemen eignen sich für alle Schuljahre und sind dementsprechend „austauschbar". Die „Setzung" der Themen für das 1./2. Schuljahr erfolgt hier vor allem unter Berücksichtigung der Entwicklungsbesonderheiten von 6- bis 8jährigen Kindern. Bestimmte Themen hieraus lassen sich auch im 3./4. Schuljahr unterrichten, wenn deren Komplexität und Anspruchsniveau von der Lehrkraft selbst erhöht werden. Umgekehrt können auch Themen des 3./4. Schuljahres für das 1./2. Schuljahr „aufbereitet" werden.

Den Unterrichtsthemen werden zwei gesundheitserzieherischen Aufgabenbereiche zugeordnet:

Im 1. Aufgabenbereich geht es um die Inszenierung von Unterrichtssituationen, die Kindern vor allem eine ***erlebnis- und erfahrungsbezogene Auseinandersetzung mit einem Thema*** ermöglichen können. In diesem Bereich finden sich Materialien, die Kindern einen persönlichen und lebensnahen Zugriff auf die angebotenen Themen erlauben, wie z. B. über Fallgeschichten, Alltagsfragen, Fantasieerzählungen, Bilder oder Lieder.

Im 2. Aufgabenbereich geht es um die Inszenierung von Unterrichtssituationen, die Kindern vor allem eine ***sach- und handlungsbezogene Auseinandersetzung mit einem Thema*** ermöglichen können. In diesem Bereich finden sich Materialien, die Kinder anregen, sich gezielt und bewusst mit einer Sachfrage auseinander zu setzen, wie z. B. über Versuche, Untersuchungen, Erkundungen oder Recherchen.

Die Trennung in zwei Aufgabenbereiche erfolgt lediglich aus analytischen Gründen, denn zweifellos gehören Erleben, Erfahren und Handeln in Bezug auf „die Sachen dieser Welt" untrennbar zusammen. Wer im Unterricht einen erlebnisbezogenen Zugriff auf die Sache wählt, wird jedoch nicht daran vorbeikommen, sich bewusst mit ihr auseinander zu setzen, wenn er „mehr über sie erfahren" will. Wie umgekehrt aber auch die „sachliche" Auseinandersetzung immer persönliche Anteile in Form von Erlebnissen und Erfahrungen enthält. In diesem Sinne sollten die einzelnen Bausteine der beiden Aufgabenbereiche so aufeinander bezogen werden, dass für eine Lehr-/Lerngruppe immer wieder dieser Sinn- und Sachzusammenhang deutlich wird.

In der folgenden Übersicht sind die Unterrichtsthemen der einzelnen Bausteine den vier zentralen Themenbereichen der Gebissgesundheitserziehung zugeordnet:

1./2. SCHULJAHR

1. Aufgabenbereich:
Bausteine unter dem Aspekt des Erlebnis- und Erfahrungsbezuges

	Unterrichtsthemen	Themenbereiche
Baustein 1:	Wenn mein Mund erzählen könnte	(1) (2) (3) (4)
Baustein 2:	Wenn ich keine Zähne hätte	(1)

Baustein 3:	Als ich im „Schlecker-Lecker-Land“ war		(2)	(3)	
Baustein 4:	Als ich einmal die Zähne nicht putzen konnte			(3)	
Baustein 5:	Als ein Zahn wackelte	(1)			(4)
Baustein 6:	Als ich einmal Zahnschmerzen hatte				(4)
Baustein 7:	Als ich beim Zahnarzt war				(4)

2. Aufgabenbereich:

Bausteine unter dem Aspekt des Sach- und Handlungsbezuges

	Unterrichtsthemen	Themenbereiche			
Baustein 8:	Ich erforsche mein Gesicht	(1)			
Baustein 9:	Wir erforschen unsere Mundhöhle	(1)			
Baustein 10:	Wir erforschen unser Gebiss	(1)			
Baustein 11:	Ich esse einen Apfel – was geschieht dabei?	(1)		(3)	
Baustein 12:	Was man im Mund nicht ohne weiteres sehen kann	(1)	(2)	(3)	
Baustein 13:	Wie Menschen früher ihre Zähne pflegten		(2)	(3)	
Baustein 14:	Wie wir heute unsere Zähne pflegen		(2)	(3)	

3./4. SCHULJAHR

1. Aufgabenbereich:

Bausteine unter dem Aspekt des Erlebnis- und Erfahrungsbezuges

	Unterrichtsthemen	Themenbereiche			
Baustein 1:	Als mir einmal die Spucke weg blieb	(1)		(3)	
Baustein 2:	Als mir die Schneidezähne fehlten	(1)	(2)		
Baustein 3:	Wenn meine Zahnbürste sprechen könnte	(1)	(2)	(3)	(4)
Baustein 4:	Zahnspange – einfach toll!			(3)	(4)
Baustein 5:	Wenn die Zähne „sauer“ werden ...	(1)	(2)	(3)	(4)
Baustein 6:	Wenn der Zahn aber ein Loch hat!?			(3)	(4)
Baustein 7:	Vom Zahnreißer zum Zahnarzt				(4)

2. Aufgabenbereich:

Bausteine unter dem Aspekt des Sach- und Handlungsbezuges

	Unterrichtsthemen	Themenbereiche			
Baustein 8:	Alles KAI oder was?	(1)		(3)	
Baustein 9:	Welche Zahnpasta ist richtig für mich?			(3)	
Baustein 10:	Wir führen ein Zahnpflege-Tagebuch			(3)	
Baustein 11:	Ohne Süßes geht es nicht?		(2)	(3)	
Baustein 12:	Wenn etwas „faul“ am Zahn ist		(2)	(3)	(4)
Baustein 13:	Wir interviewen eine Zahnärztin oder einen Zahnarzt				(4)
Baustein 14:	Wir werben für ein gesundes Gebiss!	(1)		(3)	
Baustein 15:	Wir richten ein Zahnmuseum ein	(1)	(2)	(3)	(4)
Baustein 16:	Unser Zahnlabor		(2)	(3)	

4. Die Bausteine

Die Bausteine sind einheitlich aufgebaut:

1. Es wird angegeben, zu welchen Themenbereichen Bezüge bestehen.
2. Es wird erläutert, welche didaktischen Funktionen einem Materialbogen zukommen, der für den jeweiligen Baustein entwickelt wurde.
3. Es werden Anregungen für die Inszenierung von Unterrichtssituationen gegeben.
4. Es werden Bezüge zu anderen Bausteinen aufgezeigt.

Wer in der Unterrichtspraxis mit den Bausteinen arbeitet, sollte möglichst folgende Aspekte berücksichtigen, die immer wieder im Unterrichtsgeschehen eine Rolle spielen werden:

- Es empfiehlt sich, eine ***Informationsbox*** einzurichten. In dieser Box sollten folgende Materialien enthalten sein:
  - Sachbücher
  - Kinderlexika
  - Lernspiele
  - Zahn- und/oder Gebissmodelle, Gebissmodell mit Demonstrations-Zahnbürste
  - Werbe- und Informationsmaterialien zum Thema „Das Gebiss und seine Gesunderhaltung"
  - Hinweise zur Internet-Recherche:
    Die Suchmaschine für Kinder „Die Blinde Kuh" ***(http://www.blinde-kuh.de)*** bietet unter dem Suchbereich „Gesundheit -> Zähne" eine Reihe von relevanten Links an, die vor allem von Kindern im 4. Schuljahr zur selbstständigen Informationsbeschaffung genutzt werden können.

- Für die ***Gebisspflege*** werden folgende Hilfsmittel für die Kinder gebraucht:
  - Zahnbürsten und Zahnpasten
  - Zahnputzbecher
  - Papiertücher oder -servietten.

- Für ***Eigenbeobachtungen*** der Mundhöhle und des Gebisses werden Taschenspiegel benötigt. Sie sollten Aufkleber mit den Namen der Kinder haben und in der Klasse griffbereit deponiert sein.

1./2. Schuljahr

1. Aufgabenbereich:
Bausteine unter dem Aspekt des
Erlebnis- und Erfahrungsbezuges

Wenn mein Mund erzählen könnte

1. BEZUG ZU DEN THEMENBEREICHEN (1) (2) (3) (4)

2. HINWEISE ZUM UMGANG MIT DEM MATERIALBOGEN 1

Der Materialbogen 1 soll Kinder dazu anregen, über die Bedeutung ihres Mundbereichs als Sprech-, Nahrungsaufnahme-, Atem- und Zärtlichkeitsorgan zu sprechen. Dabei können Kinder

- sich Klarheit verschaffen über das Zusammenwirken unterschiedlicher Funktionsbereiche des Mundes beim Sprechvorgang
- eigene Erfahrungen über die Bedeutung ihres Mundes bei der Ausführung weiterer Funktionen (z. B. Essen, Trinken, Atmen, Küssen) artikulieren
- die vielfältigen Leistungsmöglichkeiten ihres Mundes zeichnerisch, akustisch, spielerisch oder pantomimisch darstellen.

3. ANREGUNGEN FÜR DEN UNTERRICHT

- Den Kindern wird die Geschichte vorgelesen.
- Eventuell wird der Cartoon per selbst gefertigter OH-Folie zur Illustration des Textes gezeigt.
- Die Kinder äußern sich kurz zum Inhalt und berichten über ihre Erfahrungen. Sie „unterhalten" sich mit zusammengepressten Lippen, singen ein Lied oder lesen sich einen kurzen Text gegenseitig vor.
- Es werden Vermutungen zum Sprechvorgang aufgestellt und durch Eigenexperimente überprüft und an der Tafel notiert. Aussagen von Kindern: *Was sich beim Sprechen bewegt: Mund, Lippen, Zunge, Zäpfchen, Unterkiefer, Kehlkopf, Kinn, Brustkorb, Wangen …*
- Die Untersuchungsergebnisse werden im Hinblick auf ihre Richtigkeit überprüft. Dabei wird vor allem auf die Bedeutung der Zähne beim Sprechen eingegangen (Dental- und Zischlaute).
- Mit Hilfe eines gemeinsam entwickelten Textes kann das Wissen der Kinder zum Sprechvorgang gefestigt werden. Aussagen von Kindern:
  Wenn wir sprechen,
  - *geht der Mund auf und zu*
  - *bewegen sich die Lippen*
  - *wird geatmet*
  - *ist die Zunge in Bewegung*
  - *geht der Kehlkopf hoch und runter*
  - *bewegt sich der Unterkiefer*
  - *sind die Zähne ganz wichtig!*
- Die Kinder denken über weitere Funktionsbereiche des Mundes nach und stellen fest, dass der Mund neben dem Sprechen auch noch andere wichtige Aufgaben (z. B. beim Essen, Trinken, Atmen sowie Austausch von Zärtlichkeiten) zu erfüllen hat.
- Den Kindern wird Gelegenheit gegeben, sich an Alltagssituationen zu erinnern, an denen ihr Mund maßgeblich beteiligt war. Aussagen von Kindern:
  - *Die Zunge verbrannt …*
  - *Auf die Zunge gebissen …*
  - *Die Zähne haben geklappert …*
  - *Die Lippen zusammengepresst …*
  - *Meine Eltern abgeküsst …*
- Die Kinder erforschen ihre Mundhaltung in unterschiedlichen Lebenssituationen, wie z. B. Trauer, Ärger, Angst, Staunen, Freude …, und dokumentieren diese in zeichnerischer, akustischer, spielerischer oder pantomimischer Form. Dazu eignet sich sehr gut z. B. das Spiel „Wessen Mund ist das?". Mit Hilfe einer Video-Aufzeichnung können die Kinder entdecken, dass jeder Mund in derartigen Situationen anders aussieht. Hierzu wird von mindestens zehn Kindern vorher nur die Mundpartie mit der Videokamera im Assemble-Schnitt gefilmt. Die Aufzeichnungen werden in der Klasse vorgeführt. Es wird geraten, welcher Mund zu welchem Kind gehört.
  Dieses Spiel lässt sich auch mit Hilfe einer großen Packpapierbahn durchführen, in die in Mundhöhe eine Öffnung geschnitten ist. Fünf Kinder stehen hinter der Packpapierbahn und zeigen abwechselnd ihren Mund in dem ausgeschnittenen Bereich. Von den Zuschauern muss herausgefunden werden, welches Kind zum gezeigten Mund gehört.

4. BEZUG ZU ANDEREN BAUSTEINEN

Baustein 8: Ich erforsche mein Gesicht .... S. 28
Baustein 9: Wir erforschen unsere Mundhöhle .... S. 30
Baustein 10: Wir erforschen unser Gebiss .... S. 32

Wenn mein Mund erzählen könnte

Peter und Marek denken sich etwas Lustiges aus. Sie kleben sich gegenseitig mit einem Heftpflaster den Mund zu und versuchen miteinander zu sprechen. Aus ihrem Mund dringen jedoch nur ganz komische Laute nach außen, die sie überhaupt nicht verstehen können. Darüber müssen beide laut lachen.

Nachdem sie die Heftpflaster wieder entfernt haben, fragt Peter den Marek: „Kannst du mir vielleicht sagen, was alles geschieht, damit wir sprechen können?“ Marek weiß das auch nicht so genau. Sie waren aber beide neugierig geworden und überlegten, wie sie das herausfinden könnten.

Könnt ihr ihnen dabei helfen?

Wenn ich keine Zähne hätte

1. BEZUG ZUM THEMENBEREICH (1)

2. HINWEISE ZUM UMGANG MIT DEM MATERIALBOGEN 2

Der Materialbogen 2 bietet die Möglichkeit, sich mit selbst erdachten Geschichten zum Bildinhalt zu äußern. Dabei können Kinder angeregt werden,

- sich fantasievoll mit dieser fiktiven Situation auseinander zu setzen
- über „Vor- bzw. Nachteile" von Zahnlosigkeit zu reflektieren
- über eigene Erfahrungen bei Zahnlosigkeit von Babys und Erwachsenen zu berichten
- sich über mögliche Einschränkungen der Leistungsfähigkeit des Wechselgebisses Klarheit zu verschaffen sowie
- über die ästhetische Bedeutung eines gepflegten Gebisses nachzudenken.

3. ANREGUNGEN FÜR DEN UNTERRICHT

- Der Cartoon wird der Klasse per OH-Folie gezeigt.
- Die Kinder erfinden eigene Fantasiegeschichten zum Bildinhalt, tragen sie vor und sprechen darüber.
- In Partnerarbeit werden „Vor- und Nachteile" von Zahnlosigkeit besprochen. Dabei werden sie auch über ihre Erfahrungen mit eingeschränkten Leistungen ihres Wechselgebisses beim Essen und Sprechen berichten.
- Die Gesprächsbeiträge werden an der Tafel notiert. Beispiel für eine Übersicht:

Wenn ich keine Zähne hätte …

Keine Zahnschmerzen.
Keine Zahnspangen.
Kein Zähneputzen.
Es wird nicht mehr gebohrt.
Man kann sich nicht die Zähne ausschlagen.

Man spricht schlechter.
Man kann nicht richtig essen.
Man könnte nur Suppe, Brei oder Eis essen.
Die Zahnfee kommt nicht mehr
und bringt keine Geschenke mit.
Das Gesicht sieht komisch aus.

- Die Kinder vergleichen die Aussagen und erkennen die Bedeutung eines voll funktionsfähigen Gebisses. Hierzu werden Porträtfotos aus Illustrierten ausgeschnitten und durch Überzeichnung der Mundpartien verfremdet (z. B.: Vampirzähne, schwarze Zähne …).
- Die Porträtfotos werden in der Klasse ausgestellt und besprochen.

4. BEZUG ZU EINEM ANDEREN BAUSTEIN

Baustein 10: Wir erforschen unser Gebiss .... S. 32

Wenn ich keine Zähne hätte

Als ich im „Schlecker-Lecker-Land" war

1. BEZUG ZU DEN THEMENBEREICHEN (2) (3)

2. HINWEISE ZUM UMGANG MIT DEM MATERIALBOGEN 3

Der Materialbogen 3 bietet die Möglichkeit, anhand einer Traumdarstellung mit Kindern über die Ursachen, Motive und Gefahren des Verzehrs von zuckerhaltigen Süßwaren ins Gespräch zu kommen. Dabei machen sich die Kinder bewusst,

- welche Empfindungen und Gefühle sie bei sich feststellen, wenn sie an Süßwaren denken oder diese verzehren
- welche Süßigkeiten sie am liebsten essen
- wie viel und bei welchen Gelegenheiten sie innerhalb einer Woche Süßes essen
- dass der Verzehr von Süßigkeiten für das Gebiss schädlich sein kann
- dass es Möglichkeiten gibt, sich auch ohne Süßwaren angenehme Gefühle und Empfindungen zu verschaffen und
- welche Süßwaren die Zähne kaum oder gar nicht schädigen.

3. ANREGUNGEN FÜR DEN UNTERRICHT

- Die Traumdarstellung wird vervielfältigt, an die Kinder verteilt und besprochen.

- Die Kinder denken anschließend über ihren eigenen Umgang mit Süßigkeiten nach.

- Sie ermitteln anhand eines selbst entwickelten Untersuchungsbogens ihren Umgang mit Süßigkeiten und stellen eine Liste ihrer beliebtesten Süßigkeiten auf.

- Die Kinder sprechen über mögliche zahnschädigende Folgen durch Verzehr von zuckerhaltigen Süßigkeiten und von anderen zuckerhaltigen Nahrungsmitteln.

- Gemeinsam werden Strategien entwickelt, wie man sich Sachinformationen zu der ernährungsbedingten Zahnkrankheit „Karies" beschaffen kann.

- Als Ergebnis der Auswertung von Informationsmaterialien und ggf. Befragung von Fachleuten wird zusammenfassend festgestellt, dass

  - nach dem Verzehr von zuckerhaltigen Süßigkeiten (vor allem weichen und/oder klebrigen) das Gebiss in den Rillen und Furchen der Kauflächen, an den Seitenflächen eng nebeneinander stehender Zähne sowie an den Zahnkronen im Bereich der Zahnfleischsäume gefährdet ist

  - in der Mundhöhle viele unterschiedliche und normalerweise unschädliche Bakterien und andere Mikroorganismen (Viren, Pilze) leben

  - bestimmte Bakterien sich schnell vermehren, Zahnbeläge bilden und aus zuckerhaltigen Süßwaren Säuren herstellen

  - diese Säuren den Zahnschmelz der Zähne angreifen und Karies verursachen können

  - Zahnbeläge nur durch Gebisspflege beseitigt werden.

Zur Unterstützung dieser letztgenannten Präventionsmaßnahmen kann das Lied „Süßklops" (Index-Nr.: 06, s. Anhang, S. 99) der Musik-CD „Zahnhits" mit den Kindern erarbeitet, gesungen und um selbst verfasste Strophen erweitert werden.

- Abschließend erarbeiten sich die Kinder einen Verhaltenskatalog zum Konsum zuckerhaltiger Süßwaren, in dem folgende Aspekte berücksichtigt werden sollten, z. B.:

  - Die Aufnahme zuckerhaltiger Nahrungsmittel reduzieren.

  - Zuckerhaltige Nahrungsmittel möglichst während der Hauptmahlzeiten verzehren und danach die Zähne putzen.

- Auf zuckerhaltige Getränke zwischen den Mahlzeiten verzichten.

- Bei Aufnahme von gesüßten Nahrungsmitteln darauf achten, dass diese mit Zuckeraustausch- und/oder Zuckerersatzstoffen hergestellt wurden. (Aus diesen Nahrungsmitteln können Bakterien keine oder kaum Säuren herstellen. Karies kann nicht entstehen.)

- Bei Süßwaren auf das Symbol „Zahnmännchen mit Schirm" achten!

- Richtige Gebisspflege nach der KAI-Putztechnik betreiben.

I□ Die Aussagen der Kinder werden gesammelt und an der Tafel notiert:

I□ Am besten nicht so viel Süßes essen und trinken!
I□ Nach dem Essen Zähneputzen nicht vergessen!
I□ Vor dem Schlafen gehen Zähne putzen!
I□ Nach dem „Zahnmännchen mit Schirm" fragen.

Diese Merksätze werden auf einen festen Karton geschrieben und als Plakat in der Klasse aufgehängt.

4. BEZUG ZU ANDEREN BAUSTEINEN

Baustein 6: Als ich einmal Zahnschmerzen hatte ..... S. 23
Baustein 12: Was man im Mund nicht ohne weiteres sehen kann ..... S. 39
Baustein 14: Wie wir heute unsere Zähne pflegen ..... S. 46

Als ich im „Schlecker-Lecker-Land" war

Als ich einmal die Zähne nicht putzen konnte

1. BEZUG ZUM THEMENBEREICH (3)

2. HINWEISE ZUM UMGANG MIT DEM MATERIALBOGEN 4

Der Materialbogen 4 bietet eine Fantasiegeschichte, die Kinder dazu ermuntern kann, sich mit der Bedeutung einer richtigen Zahnpflege auseinander zu setzen. Dabei geht es vor allem darum,

- über eigene Erfahrungen und Verhaltensweisen beim Zähneputzen zu sprechen
- das „Handwerkszeug Zahnbürste" gründlich zu untersuchen sowie
- die richtige Zahnputztechnik einzuüben.

3. ANREGUNGEN FÜR DEN UNTERRICHT

- Den Kindern wird der Text der Fantasiegeschichte vorgelesen.

- Im Gespräch teilen die Kinder ihre eigenen Erfahrungen mit. Nicht selten „bekennen" manche Kinder dabei, dass sie sich am liebsten vor dem Zähneputzen „drücken" würden.

- Der Cartoon wird der Klasse per OH-Folie gezeigt.

- Der 2. Teil der Fantasiegeschichte mit den Dialogen wird vorgelesen und besprochen. Dabei ist durch die Lehrkraft darauf hinzuweisen, dass es zur richtigen Gebisspflege gehört, sich die Zähne regelmäßig nach den Hauptmahlzeiten zu putzen. Sollte das einmal nicht möglich sein, sollte wenigstens der Mund ausgespült werden.

- Die Kinder überlegen sich, wie der Dialog der beiden Zahnbürsten (leere Sprechblasen) weitergehen könnte, so z. B.:
  - was die Zähne vom Zähneputzen halten
  - was an den Zähnen wegzuputzen ist
  - was sie an Gerüchen feststellen
  - wie oft sie täglich in die Mundhöhle hinein müssen
  - wie die beiden Kinder sie vor und nach dem Putzen behandeln und
  - was sie nach getaner „Arbeit" empfinden.

- Die in Partner-/Gruppenarbeit erstellten Dialoge werden nacheinander von zwei Kindern gespielt. Sie halten dabei jeweils eine Zahnbürste in der Hand. Anschließend werden die szenischen Stücke ausgewertet.

- Die von zu Hause mitgebrachten Zahnbürsten der Kinder werden untersucht und Kriterien geeigneter Zahnbürsten für Kinder entwickelt (s. auch Kapitel 5.3, S. 118 f).

- Die richtige Zahnputztechnik nach KAI wird (wenn vorhanden am Demonstrationsgebiss) vorgeführt und durch die Kinder eingeübt (s. auch Kapitel 5.3, S. 122).

- Hierbei werden nicht nur die bekannten Reime wie: „Hin und her, hin und her, Zähneputzen ist nicht schwer!" (Kauflächen), „Von Rot nach Weiß, immer im Kreis!" (Außenflächen), „Schwups, schwups, schwups, gib den Krümeln einen Schubs!" (Innenflächen) wiederholt/eingeführt, sondern auch eigene Reime verfasst. Texte von Kindern:

  „Hin und her, hin und her,
  Zähneputzen ist nicht schwer!" ***(K)***
  „Rundherum, rundherum,
  Zähneputzen ist nicht dumm!" ***(A)***
  Fege aus, fege aus,
  alle Krümel müssen raus!" ***(I)***

- Diese Reime schreiben die Kinder am besten auf einen stabilen Karton und hängen ihn zu Hause im Badezimmer als Erinnerungshilfe auf.

4. BEZUG ZU ANDEREN BAUSTEINEN

Baustein 8: Alles Kai oder was? (3./4. Schuljahr) ..... S. 68
Baustein 14: Wie wir heute unsere Zähne pflegen .... S. 46

Als ich einmal die Zähne nicht putzen konnte

Eine fantastische Geschichte

Markus ist heute ins Bett gegangen, ohne sich vorher die Zähne zu putzen. Das passiert ihm eigentlich sehr selten. Er war einfach zu müde und wollte möglichst schnell in sein Kuschelbett.

Es ging auf Mitternacht zu, als die leblosen Gegenstände in der Wohnung wieder anfingen, miteinander über die Ereignisse des Tages zu sprechen. So auch die Zahnbürsten von Markus und seiner Schwester Bettina in ihren Zahnputzbechern im Badezimmer.

Als ein Zahn wackelte

1. BEZUG ZU DEN THEMENBEREICHEN (1) (4)

2. HINWEISE ZUM UMGANG MIT DEM MATERIALBOGEN 5

Der Materialbogen 5 bietet die Möglichkeit, sich mit Hilfe eines Cartoons mit Kindern über das Thema „Wechselgebiss" auseinander zu setzen. Dabei können Kinder

- sich über Erfahrungen und Empfindungen, die sie beim Ausfallen der Milchzähne gemacht und empfunden haben, im Gespräch austauschen
- die Anzahl der Zähne in ihrem Wechselgebiss feststellen lassen
- die Notwendigkeit einer ständigen Pflege sowohl der Milchzähne als auch der bleibenden Zähne erkennen.

3. ANREGUNGEN FÜR DEN UNTERRICHT

- Der Cartoon wird der Klasse per OH-Folie gezeigt.

- Die Kinder sprechen über eigene Erfahrungen und Empfindungen beim Ausfallen ihrer Milchzähne.

- Sie formulieren Fragen, die mit dem Zahnwechsel in Verbindung stehen:
  - *Wieso wackeln die Zähne eigentlich, bevor sie ausfallen?*
  - *Wo kommen die neuen Zähne plötzlich her?*
  - *Was kommt nach dem Milchgebiss?*
  - *Was ist ein „Wechselgebiss"?*
  - *Kommen die neuen Zähne, wann sie wollen?*
  - *Was macht man, wenn ein neuer Zahn nicht nachwächst?*
  - ……

- Die Kinder wählen die sie interessierenden Fragen aus und versuchen, sie in Partner- und Gruppenarbeit unter Einbeziehung relevanter Quellen aus der Informationsbox (s. S. 10) zu beantworten. Die Arbeitsergebnisse werden der Klasse mitgeteilt und im Klassengespräch erörtert.

- In diesem Zusammenhang sollte den Kindern mit Hilfe von Porträts demonstriert werden, in welchem Lebensalter welche Zähne ausfallen und welche neu dazukommen. Entsprechendes Bildmaterial für die OH-Projektion findet sich z.B. in Elternzeitschriften oder eigenen Fotoalben.
  Beispiele:

Foto eines Säuglings	– ohne Zähne
Foto eines Kleinkindes	– nach sechs Monaten erster Zahn
Foto eines Sechsjährigen	– Schneidezähne ausgefallen

- Im Rahmen einer zahnärztlichen Untersuchung lassen die Kinder feststellen, wie viele Zähne (Milchzähne und bleibende Zähne) sie im Wechselgebiss haben.

- Die Untersuchungsergebnisse werden in den Zahnpass eingetragen (s. Baustein 10, Materialbogen 10.3, S. 36).

4. BEZUG ZU EINEM ANDEREN BAUSTEIN

Baustein 10: Wir erforschen unser Gebiss .... S. 32

Als ein Zahn wackelte

Als ich einmal Zahnschmerzen hatte

1. BEZUG ZUM THEMENBEREICH (4)

2. HINWEISE ZUM UMGANG MIT DEM MATERIALBOGEN 6

Der Materialbogen 6 zeigt eine Situation zum Thema „Zahnschmerzen". Der Cartoon dient als Gesprächsanlass, um mit Kindern zu untersuchen,

- welche Erfahrungen sie mit Zahnschmerzen gemacht haben
- welche Ursachen für diese Schmerzen in Frage kommen
- wie sie diese Schmerzen empfunden haben
- wie sie mit dieser Situation umgegangen sind
- ob sogenannte „Hausmittel" (z. B. Gewürznelken) zur kurzfristigen Schmerzbekämpfung zum Einsatz gelangten sowie
- welche Maßnahmen die Zahnärztin/der Zahnarzt zur professionellen Behandlung der Schmerzursachen durchgeführt hat.

3. ANREGUNGEN FÜR DEN UNTERRICHT

- Der Cartoon wird der Klasse per OH-Folie vorgestellt.

- Die Kinder beschreiben ihre Erfahrungen und Empfindungen mit derartigen Situationen und benennen – soweit möglich – die Gründe für ihre Zahnschmerzen.

- Die Kinder versuchen mit Hilfe von Farbstiften, ihre Empfindungen bei Zahnschmerzen auf einem DIN-A4-Blatt zu visualisieren. Durch die zeichnerische Auseinandersetzung mit dem Gefühl „Schmerz" machen sie sich bewusst, welche psychischen und physischen Reaktionen Schmerz bei ihnen auslöst.

- Die Arbeitsergebnisse werden auf einem Wandbild „Zahnschmerzen" ausgestellt und besprochen.

- Die Kinder stellen aus Unterlagen der Informationsbox (s. S. 10) medizinische Alternativen zur kurzfristig einsetzbaren Zahnschmerzbekämpfung zusammen und setzen sich mit Nutzen und Risiken dieser Verfahren auseinander.

- Abschließend werden therapeutische Maßnahmen des Zahnarztes zur Beseitigung ihrer Zahnschmerzen beschrieben und die Notwendigkeit einer fachkundigen Behandlung von Zahnschmerzen durch die Zahnärztin/den Zahnarzt herausgearbeitet.

- Zur Festigung der Unterrichtsergebnisse kann das Lied: „Autsch, das tut weh!" (Index-Nr.: 4) der Musik-CD „Zahnhits" vorgespielt, besprochen oder von den Kindern gesungen werden (s. Anhang, S. 97).

4. BEZUG ZU EINEM ANDEREN BAUSTEIN

Baustein 7: Als ich beim Zahnarzt war .... S. 25

Als ich einmal Zahnschmerzen hatte

Als ich beim Zahnarzt war

1. BEZUG ZUM THEMENBEREICH (4)

2. HINWEISE ZUM UMGANG MIT DEM MATERIALBOGEN 7

Der Materialbogen 7 präsentiert das Foto einer zahnärztlichen Behandlung in einer modernen Zahnarztpraxis. In Verbindung mit eigenen Erfahrungsbildern der Kinder zum Thema „Zahnärztin/Zahnarzt – Zahnärztliche Behandlung" wird es möglich, mit ihnen über ein häufig sehr emotional besetztes Ereignis ihres Lebens ins Gespräch zu kommen. Dabei geht es im einzelnen darum,

- das psycho-soziale Verhalten von Kindern in solchen Situationen zu ermitteln
- sich mit den Aufgaben der Zahnärztin/des Zahnarztes genauer auseinander zu setzen
- die Gerüche und Geräusche in einer Zahnarztpraxis wahrzunehmen
- den Ablauf und die Instrumente der Behandlung kennen zu lernen
- sich mit den Funktionen der dabei einzusetzenden Geräte und Apparaturen zu beschäftigen
- sich vor dem Hintergrund besserer Kenntnisse über die Behandlung in einer zahnärztlichen Praxis stressfreier zu verhalten sowie
- die Bedeutung einer regelmäßigen Gebisspflege zu erkennen und sich danach zu verhalten.

3. ANREGUNGEN FÜR DEN UNTERRICHT

- Zunächst wird das Foto (als OH-Vorlage) einer zahnärztlichen Behandlung als Gesprächsanlass präsentiert. Nachdem sich die Kinder spontan zu der dargestellten Situation geäußert haben, werden sie aufgefordert, ihre eigenen Erlebnisse und Erfahrungen mit „der Zahnärztin/dem Zahnarzt" zu erzählen.

- Die Kinder stellen danach ihre Erfahrungen zum Thema: „Kind und Zahnärztin/Zahnarzt" zeichnerisch dar und/oder schreiben sie mit Stichwörtern auf Wortkarten auf.

- Die Zeichnungen werden der Klasse vorgestellt. Hierbei wird häufig über das Aufgeregtsein vor dem Besuch oder während des Aufenthaltes in einer zahnärztlichen Praxis gesprochen.

- Der Körperumriss eines Kindes wird auf Packpapier gezeichnet und im Klassenraum aufgehängt. Die Wortkarten/Zeichnungen werden an den Stellen der Umrisszeichnung angebracht, auf die sich die Gefühle der Kinder im Zusammenhang mit der zahnärztlichen Praxis beziehen.

- Die Kinder berichten, wie sie mit solchen Stresssituationen umgehen. Die beschriebenen Verfahren werden hinsichtlich des damit verbundenen „Erfolges" diskutiert.

- Im nächsten Unterrichtsschritt werden weitere Fragen zur zahnärztlichen Behandlung zusammengestellt, die die Kinder interessieren.

- Ausgewählte Themenbereiche dieses Fragenkataloges werden unter Einbeziehung unterschiedlicher Informationsquellen (z. B. Bücherkiste mit kindgerechten Sachbuchtexten und -abbildungen; Besuch der Jugendzahnärztin/des Jugendzahnarztes in der Klasse) in Partner- oder Gruppenarbeit bearbeitet, dokumentiert, ausgewertet und im Arbeitshefter gesammelt.

- Der Name der eigenen Zahnärztin/des eigenen Zahnarztes, Anschrift, Telefonnummer sowie Sprechzeiten werden im „Zahnpass" (s. Baustein 10, Materialbogen 10.3, S. 36) notiert.

4. BEZUG ZU ANDEREN BAUSTEINEN

Baustein 6: Als ich einmal Zahnschmerzen hatte .... S. 23
Baustein 7: Vom Zahnreißer zum Zahnarzt (3./4. Schuljahr) .... S. 62
Baustein 10: Wir erforschen unser Gebiss .... S. 32

Als ich beim Zahnarzt war

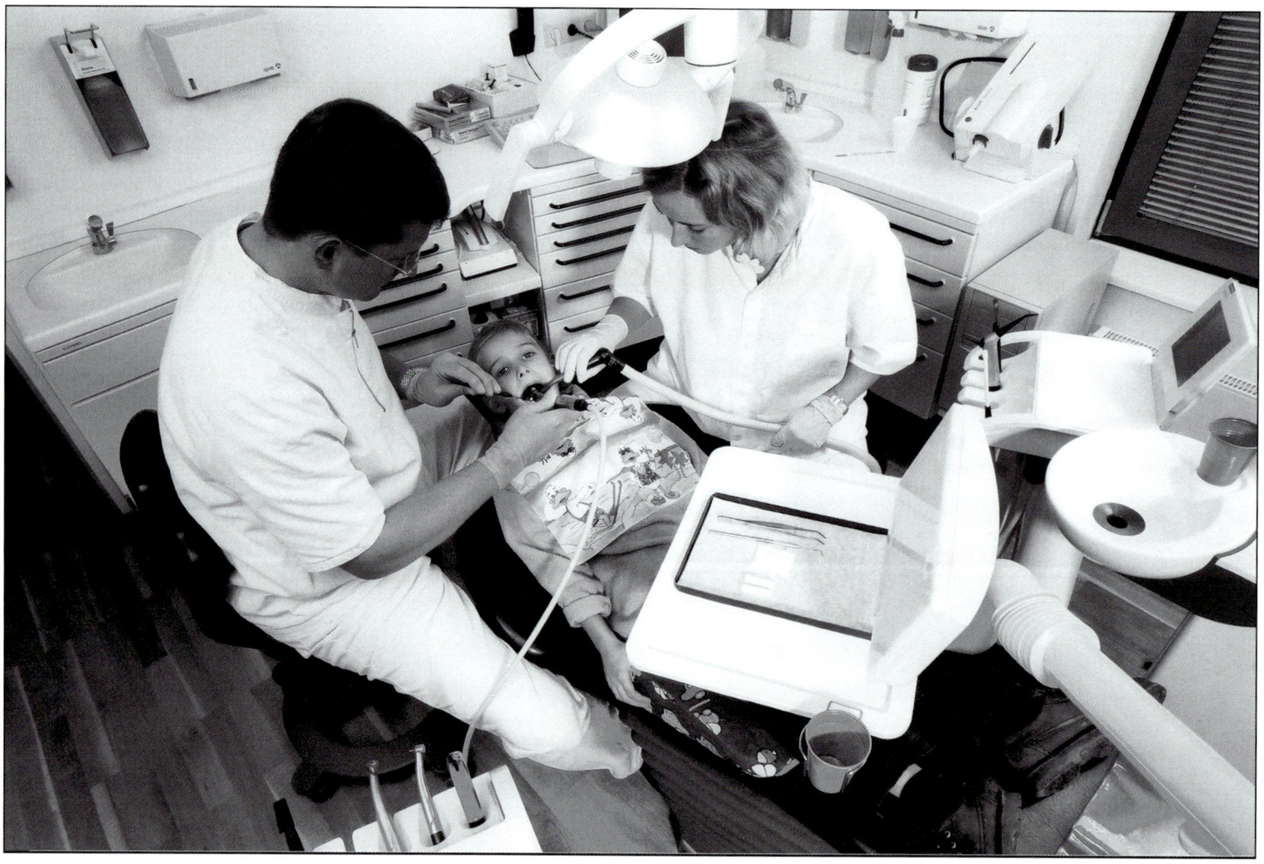

1./2. Schuljahr

2. Aufgabenbereich:
Bausteine unter dem Aspekt des
Sach- und Handlungsbezuges

Ich erforsche mein Gesicht

1. BEZUG ZUM THEMENBEREICH (1)

2. HINWEISE ZUM UMGANG MIT DEM MATERIALBOGEN 8

Der Materialbogen 8 macht auf die vielfältigen mimischen Ausdrucksmöglichkeiten des Gesichts aufmerksam. Durch die vergleichende Betrachtung von vier Kindergesichtern können sich die Schülerinnen und Schüler

- Klarheit über den Zusammenhang von Gefühlen und Gesichtsausdruck verschaffen
- Kenntnisse über die Teile des Kopfes aneignen, die zum Gesicht gehören
- Informationen über die Funktion einzelner Gesichtsbereiche bei der Gestaltung des Gesichtsausdrucks erarbeiten
- über die herausragende Bedeutung der Zähne und des Gebisses im Zusammenhang mit der Mimik klar werden und
- sich bewusst machen, wie Mimik, Gestik und Körperhaltung zusammenspielen, um Gefühle darzustellen.

3. ANREGUNGEN FÜR DEN UNTERRICHT

- Die Kindergesichter von Materialbogen 8 werden vergrößert und der Klasse per OH-Folie vorgestellt.
- Die Kinder stellen Vermutungen über die Ursachen der fröhlichen Gesichter an und vergleichen sie mit eigenen Erfahrungen.
- Nachdem sie sich intensiv mit den Fragen des Materialbogen 8 auseinander gesetzt haben, stellen sie Kriterien für „ein fröhliches Gesicht" auf und dokumentieren ihre Erkenntnisse (s. nebenstehendes Arbeitsbeispiel).
- Sie erkunden die breite Palette eigener mimischer Ausdrucksmöglichkeiten, indem sie die Bedeutung des Gebisses bei der Darstellung von Gefühlen besonders herausgestellen und möglichst per Camcorder festhalten.
- Sie planen und führen ein kleines Ratespiel durch, wobei sie abwechselnd bestimmte Gefühls- und Stimmungssituationen mit Hilfe von Mimik, Gestik und Körperhaltung darstellen.
- Mit Hilfe einer vorgegebenen schematischen Darstellung können die Kinder unterschiedliche mimische Ausdrucksformen des Gesichts selbst zeichnen.
- Die Arbeitsbeispiele werden besprochen und zu einer kleinen Ausstellung zusammengestellt.

Arbeitsbeispiel:
Ausdrucksformen des Gesichts

4. BEZUG ZU ANDEREN BAUSTEINEN

Baustein 1: Wenn mein Mund erzählen könnte ... S. 12
Baustein 9: Wir erforschen unsere Mundhöhle ... S. 30

Gesichter erzählen uns Geschichten

Das sind die Gesichter von Paula, Dixi, Katja und Max.

- Was sehen die Kinder?
- Schau dir ihre Gesichter an!
- Was drücken sie aus?
- Wie würden die Gesichter der Kinder aussehen, wenn sie traurig oder ängstlich wären?
- Welches der Kinder kann so lachen wie du?
- Was fällt dir an den Gesichtern sonst noch auf?

Wir erforschen unsere Mundhöhle

1. BEZUG ZUM THEMENBEREICH (1)

2. HINWEISE ZUM UMGANG MIT DEM MATERIALBOGEN 9

Der Materialbogen 9 bietet die Möglichkeit,

- mit Kindern über die „Mundhöhle als Ökosystem" ins Gespräch zu kommen sowie
- ihre Kenntnisse hierzu zu vertiefen.

3. ANREGUNGEN FÜR DEN UNTERRICHT

- Der Cartoon wird der Klasse per OH-Folie gezeigt.

- Mittels eines Taschenspiegels oder durch gegenseitiges Betrachten werden die in der Mundhöhle sichtbaren und mit der Zunge fühlbaren Erscheinungen beschrieben und eigene Begriffsvorschläge hierzu formuliert. Ggf. werden sie durch die richtigen korrigiert. Diese Begriffe können mit Hilfe der Abbildung von Materialbogen 10.1 (s. S. 35) bezeichnet und der schematischen Darstellung zugeordnet werden (s. Kapitel 5.1, Abb. 7, S. 105).

- Die Kinder listen Fragen auf, die die Mundhöhle betreffen und überlegen sich, mit welchen Hilfsmitteln (Sachbücher, Broschüren usw.) man diese beantworten kann. Beispiele:
  - *Wie sehen meine Lippen aus? Wozu brauche ich sie?*
  - *Welche Form hat meine Zunge? Was kann ich alles mit ihr machen? Wie sieht ihre Oberfläche aus?*
  - *Wo sind die Zähne befestigt? Wozu brauche ich sie …?*

  Ähnliche Fragen zum Speichel, zum Gaumen, zum Zäpfchen usw. werden formuliert und notiert.

- In getrennten Arbeitsgruppen werden die interessierenden Fakten zu den einzelnen Teilen der Mundhöhle zusammengetragen, dokumentiert und anschließend im Plenum vorgetragen und besprochen.

- Beispiele von Sprichwörtern und Redensarten werden hierzu gesammelt, und deren Sinn wird erörtert, z. B.:
  - Lippen: An jemandes Lippen hängen; nichts über die Lippen bringen …
  - Zunge: Böse Zungen; sich eher die Zunge abbeißen; auf der Zunge zergehen lassen …
  - Spucke/Speichel: Mir bleibt die Spucke weg; mir läuft das Wasser im Mund zusammen …
  - Zahn/Zähne: Gut gekaut ist halb verdaut; einen guten Zahn drauf haben; jemandem die Zähne zeigen; jemandem den Zahn ziehen; die Zähne zusammenbeißen; jemandem auf den Zahn fühlen; mit den Zähnen klappern; sich die Zähne an etwas ausbeißen; etwas zähneknirschend ertragen…

- In Arbeitsgruppen können hierzu Situationen, in denen die Sprichwörter und Redensarten auftauchen, erdacht und im Plenum vorgespielt werden.

4. BEZUG ZU ANDEREN BAUSTEINEN

Baustein 1: Wenn mein Mund erzählen könnte .... S. 12
Baustein 8: Ich erforsche mein Gesicht .... S. 28
Baustein 10: Wir erforschen unser Gebiss .... S. 32

Wir erforschen unsere Mundhöhle

Wir erforschen unser Gebiss

1. BEZUG ZUM THEMENBEREICH (1)

2.1 HINWEISE ZUM UMGANG MIT DEM MATERIALBOGEN 10.1

Der Materialbogen 10.1 bietet die Möglichkeit,

- die eigene Gebisssituation (Wechselgebiss) zu untersuchen
- dabei die verschiedenen Zahnformen zu beschreiben
- ihre Bezeichnungen zu finden und
- ihre Funktionen zu ermitteln.

2.2 HINWEISE ZUM UMGANG MIT DEM MATERIALBOGEN 10.2

Der Materialbogen 10.2 zeigt den Aufbau eines Backenzahnes. Er soll dazu anregen, sich mit den einzelnen Strukturen eines Zahnes zu beschäftigen.

2.3 HINWEISE ZUM UMGANG MIT DEM MATERIALBOGEN 10.3

Der Materialbogen 10.3 soll Kinder ermutigen,

- sich längerfristig mit dem Thema Gebissgesundheit auseinander zu setzen und dabei
- Angaben für den Zahnpass zusammenzutragen, diese darin einzutragen und regelmäßig zu ergänzen.

3. ANREGUNGEN FÜR DEN UNTERRICHT

- Die Kinder tasten ihre Zähne mit der Zunge ab, sprechen über ihre Empfindungen und nutzen anschließend den Taschenspiegel, um ihre Empfindungen durch Beobachtungen zu ergänzen.
- Jedes Kind erhält Materialbogen 10.1 Die Begriffe „Milchgebiss" und „Wechselgebiss" werden erklärt.
- Die Anzahl der eigenen Zähne wird mit der Abbildung des Wechselgebisses verglichen.
- Die Kinder listen Fragen zum Gebiss auf, z. B.:
  - *Warum sehen meine Zähne so unterschiedlich aus?*
  - *Welche Aufgaben haben die verschiedenen Zahnformen im Gebiss zu erfüllen?* (s. Baustein 11, S. 37)
  - *Wie sind die Zähne im Kiefer befestigt?*
  - *Wie sieht es im Inneren eines Zahnes aus?*
  - *Wie kommt es zum Ausfall eines Zahnes?*
  - *Wie entstehen Zahnschmerzen?*
  - *Warum muss ich regelmäßig meine Zähne putzen?*
  - *Warum fallen mir manchmal Zähne aus?*
- Im Unterrichtsgespräch wird eine Auswahl der interessierenden Fragen vorgenommen und in Gruppenarbeit unter Nutzung entsprechender Informationsmaterialien zu beantworten versucht.
- Die Gruppenarbeitsergebnisse werden vorgetragen und besprochen. Beispiele zu den Zahnformen:

  - *Ganz vorne im Mund erkenne ich Zähne im Ober- und Unterkiefer, die dünn und scharf und an den Kanten gezackt sind. Das sind meine bleibenden Schneidezähne.*

  - *Daneben sehe ich oben und unten Zähne, die scharf und spitz sind. Das sind meine Eckzähne.*

  - *Wenn ich den Mund ganz weit öffne, erkenne ich innen an der Backe entlang Zähne, die breit, flach und stumpf sind und Höcker haben. Das sind meine Backenzähne.*
- Die jeweiligen Zahnformen werden im Materialbogen 10.1 verschiedenfarbig ausgemalt.
- Abschließend wird die Anzahl der verschiedenen Zahnformen im Wechselgebiss festgestellt.

- Danach beschäftigen sich die Kinder intensiver mit dem Aufbau eines Backenzahnes. Hierfür erhalten sie eine Kopie von Materialbogen 10.2. Sie setzen sich mit dem Bildinhalt auseinander und erweitern ihre Kenntnisse hierzu. Falls vorhanden, wird am Demonstrationsgebiss zunächst die Zahnform bestimmt und in Materialbogen 10.1 lokalisiert.
  Mit Hilfe einer OH-Folie von Materialbogen 10.2 werden folgende Teilbereiche des Zahnes benannt: Zahnkrone – Zahnwurzel – Zahnschmelz – Zahnbein – Zahnmark (vergl. Sachinformationen Abb. 7, S. 105).
  Dazu empfiehlt es sich, den Materialbogen 10.2 auf DIN A3 zu vergrößern, die Zahndarstellung auszuschneiden und auf einen großen Packpapierbogen aufzukleben. In Partnerarbeit schreiben die Kinder die Sachbegriffe auf einzelne Wortkarten, ordnen sie mit Strichen den einzelnen Zahnbereichen zu und kleben sie auf. Noch anschaulicher ist es, wenn die Strukturen eines Backenzahnes durch Zuordnung von Wortkarten an einem Demonstrationsmodell bezeichnet werden.

- Jedes Kind erhält Materialbogen 10.3.

- Sinn und Inhalt des Zahnpasses werden erklärt.

- Die Zahl der Zähne wird zu Hause festgestellt.

- Daten im Zahnpass sind zu ergänzen. Je nach Bedarf wird deshalb der Zahnpass für die Kinder neu kopiert.

4. BEZUG ZU ANDEREN BAUSTEINEN

Baustein 2: Wenn ich keine Zähne hätte .... S. 14
Baustein 11: Ich esse einen Apfel – was geschieht dabei? .... S. 37

Wir erforschen unser Gebiss

Ergebnis:

Ich habe ☐ Schneidezähne.

Ich habe ☐ Eckzähne.

Ich habe ☐ Backenzähne.

Wie ein Zahn innen aussieht

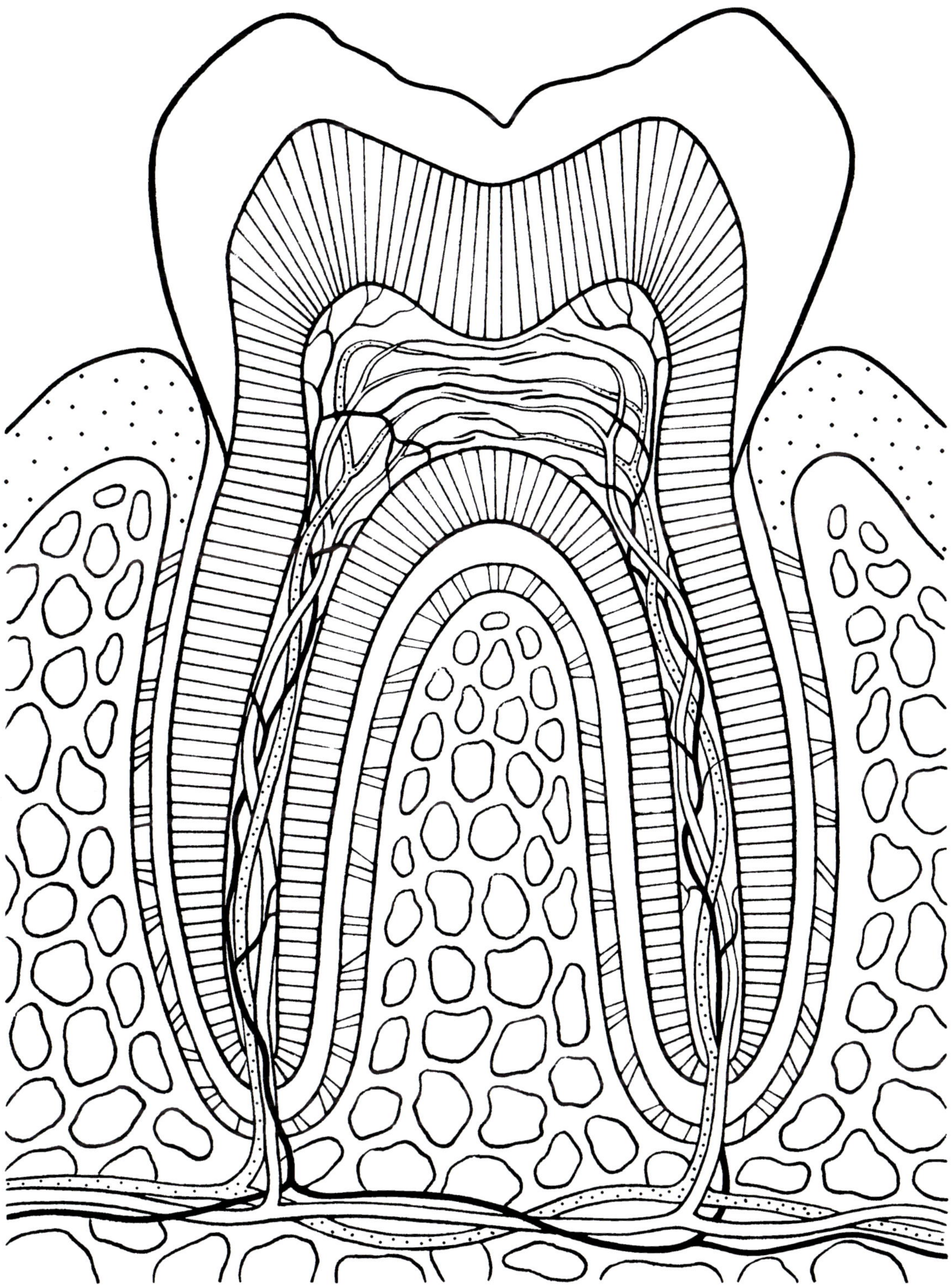

Mein Zahnpass

Ich heiße

Ich bin ____ Jahre alt. Ich bin in der ____ Klasse.

Das ist mein Gebiss

Ich habe im Oberkiefer ____ Zähne. Ich habe im Unterkiefer ____ Zähne.

Die Zahnärztin/der Zahnarzt hat festgestellt:

Ich hatte am ____ ____ Zähne, ____ davon sind Milchzähne.

So heißt meine Zahnpasta:

Meine **Zahnpasta** enthält Fluorid ☐ ja ☐ nein

Unser **Haushaltssalz** enthält Fluorid ☐ ja ☐ nein

Die Anschrift meiner Zahnärztin/meines Zahnarztes lautet:

Name

Straße

Ort

Telefon

Sprechzeiten

Ich esse einen Apfel – was geschieht dabei?

1. BEZUG ZU DEN THEMENBEREICHEN (1) (3)

2. HINWEISE ZUM UMGANG MIT DEM MATERIALBOGEN 11

Der Materialbogen 11 bietet das Lied „Gut gekaut ist halb verdaut" (Index-Nr.: 02) der Musik-CD „Zahnhits" als Einstieg in das Thema: „Nahrungsaufnahme und -verdauung" an. Dabei dient der Liedtext als Gesprächsimpuls, um mit den Kindern

- die beim Abbeißen und Kauen ablaufenden Prozesse zu untersuchen
- die Bedeutung der verschiedenen Zahnformen beim Beiß- und Kauvorgang zu erarbeiten
- die für die Gebissgesundheit richtigen Nahrungsmittel kennen zu lernen
- hieraus als Konsequenz für sie selbst die Bedeutung einer richtigen Ernährung abzuleiten.

3. ANREGUNGEN FÜR DEN UNTERRICHT

- Den Kindern wird das Lied vorgespielt oder als musikalische Darbietung von einer Schülergruppe gesungen.

- Im Gespräch äußern sich die Kinder zum Liedtext und sprechen über eigene Erfahrungen.

- Dann wenden sich die Kinder dem Beiß- und Kauvorgang zu und versuchen im Experiment festzustellen, welche Prozesse beim Abbeißen und Kauen eines Apfelstückes ablaufen.

- Die Beobachtungsergebnisse werden in einem Tafelprotokoll festgehalten.
  Aussagen von Kindern:
  - *Mit den Schneidezähnen beiße ich in den Apfel. Ihre Abdrücke kann man auf dem Apfel sehen! Manchmal läuft mir schon vorher das Wasser im Mund zusammen.*
  - *Der Apfel fühlt sich im Mund zuerst hart an!*
  - *Der Apfel wird mit den Backenzähnen zerkleinert.*
  - *Im Mund wird der Apfelbrei durch die Spucke immer flüssiger.*
  - *Der Brei wird durch die Zunge bewegt.*

- Im nächsten Unterrichtsabschnitt werden weitere Nahrungsmittel untersucht (Mohrrübe oder feste Brotsorten). Hierzu wird gemeinsam ein Fragenkatalog entwickelt und an der Tafel notiert, z. B.:
  - Was kann ich beim Abbeißen eines Nahrungsmittels feststellen?
  - Wie fühlt sich das Nahrungsmittel an, wenn ich reinbeiße?
  - Wie oft muss ich kauen, bis ich das Nahrungsmittel herunterschlucken kann?
  - Wie fühlt sich der Nahrungsbrei kurz vor dem Schlucken an?
  - Was geschieht, wenn ich das Nahrungsmittel nicht gründlich genug kaue?

- Die Untersuchungsergebnisse werden ausgewertet und mit dem „Apfelexperiment" verglichen.

- Abschließend wird festgestellt, welche Funktionen die verschiedenen Zahnformen beim Abbeißen und Kauen übernehmen.
  Beispiel für einen selbst erstellten Lückentext:
  - Mit den **(Schneidezähnen)** beiße ich die Nahrung ab. Sie arbeiten ähnlich wie eine Schere.
  - Mit den **(Eckzähnen)** halte ich die Nahrung fest, zum Beispiel hartes Brot, und reiße davon ab. **(Eckzähne)** arbeiten ähnlich wie ein Keil.
  - Mit den **(Backenzähnen)** zerkleinere, zerquetsche, zerreibe und zermahle ich die Nahrung. Sie arbeiten wie ein Nussknacker oder wie Mühlsteine.

- Zur Erweiterung von Kenntnissen zu einer richtigen Ernährung kann das Lernspiel „Zahnmemo" (Verein für Zahnhygiene e. V., Bestell-Nummer: 5021) zum Einsatz gelangen.

4. BEZUG ZU EINEM ANDEREN BAUSTEIN

Baustein 10: Wir erforschen unser Gebiss .... S. 32
Lernspiel: Zahnmemo (herausgegeben vom Verein für Zahnhygiene e. V.)

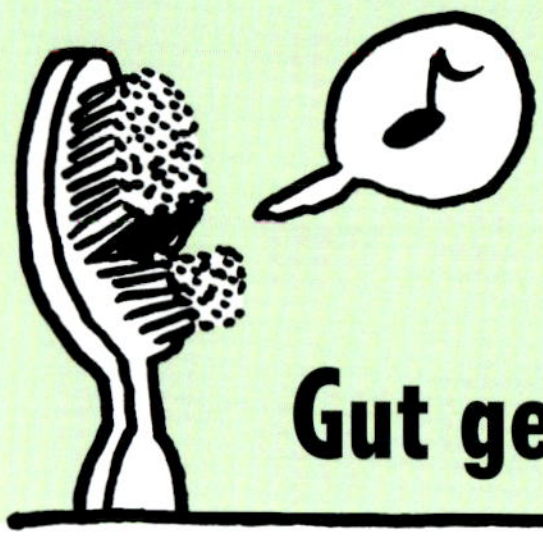

Gut gekaut ist halb verdaut

Text und Musik: Georg Wimmers

Gut verdauen, das ist wichtig …

2. Gut gekaut ist halb verdaut, denn was du eingenommen
   soll bis in die kleinste Ecke deines Körpers kommen.
   Wenn du große Stücke einfach abbeißt, schluckst – und aus,
   kommen all die wicht'gen Stoffe da doch gar nicht raus.

Gut verdauen, das ist wichtig …

Noten und Text aus der Musik-CD „Zahnhits", herausgegeben vom Verein für Zahnhygiene Darmstadt e. V.

Was man im Mund nicht ohne weiteres sehen kann…

1. BEZUG ZU DEN THEMENBEREICHEN (1) (2) (3)

2. HINWEISE ZUM UMGANG MIT DEM MATERIALBOGEN 12.1

Der Materialbogen 12.1 soll Kinder dazu anregen,

- sich mit dem Thema „Zahnbeläge und Zahngesundheit“ auseinander zu setzen
- mittels eines Versuchs „Einfärben der Zahnbeläge“ das Ausmaß ihrer eigenen Zahnbeläge zu untersuchen
- den Zusammenhang zwischen unzureichender Gebisspflege und der Entstehung von Zahnerkrankungen (z. B. Karies) aufzuzeigen sowie
- das Gebiss nach den Hauptmahlzeiten richtig zu reinigen.

2.1 HINWEISE ZUM UMGANG MIT DEM MATERIALBOGEN 12.2

Der Materialbogen 12.2 informiert Kinder darüber, wie Zahnbeläge bei 13 000facher Vergrößerung unter einem Elektronenmikroskop aussehen.

3. ANREGUNGEN FÜR DEN UNTERRICHT

Hinweis: Bevor der Versuch durchgeführt wird, werden die Eltern informiert und erklären sich mit der Einfärbung der Zahnbeläge ihres Kindes einverstanden.

- Den Kindern wird per OH-Folie der Materialbogen 12.1 gezeigt. Sie sprechen über den Bildinhalt und überlegen, was passiert, wenn die Zähne nach dem Essen nicht geputzt werden.

Beispiel für eine Mitteilung an die Eltern:

Liebe Eltern, ______________________

am ______________________

möchte ich mit den Kindern einen Versuch durchführen, der die **Wichtigkeit des Zähneputzens** verdeutlicht.
Mittels Einfärbetabletten (MIRA-2-TON Tablets) werden Zahnbeläge sichtbar gemacht. Diese Einfärbung der Zähne lässt sich nach dem Versuch **durch Putzen der Zähne mit Zahnpasta** leicht entfernen.
Sollte Ihr Kind an einer Lebensmittelfarbstoff-Allergie leiden, kann es nicht an dem Einfärbeversuch teilnehmen. Bestätigen Sie mir die Teilnahme Ihres Kindes bitte durch Ihre Unterschrift und geben Sie ihm am Versuchstag seine Zahnbürste, seine Zahnpasta, einen Zahnputzbecher sowie einen Taschenspiegel mit.

Mit freundlichen Grüßen

____

- Nach Klärung des Begriffes „Zahnbeläge" wird deren Bedeutung für die Gebissgesundheit besprochen.

- Die Lehrkraft informiert die Kinder darüber, wie man Zahnbeläge sichtbar machen kann und sollte sich als „Vor-Bild" nach Möglichkeit selbst am Versuch beteiligen.

Durchführung des Versuchs:

- Jede(r) teilnehmende Schülerin/Schüler erhält eine Einfärbetablette.

- Die Tablette wird bei geschlossenem Mund gründlich zerkaut. Sie vermischt sich dabei mit dem Speichel zu einem Brei, der nicht geschluckt werden soll.

- Die Zähne werden bei geschlossenem Mund von der Zunge intensiv mit dem Brei bestrichen.

- Nach dem Bestreichen der Zähne mit dem Brei werden seine Reste in eine Papierserviette gespuckt und entsorgt.

- Mit Hilfe eines Taschenspiegels wird das Ausmaß der Einfärbung der eigenen Zahnbeläge festgestellt. Sichtbares Untersuchungsergebnis:
  - ältere Zahnbeläge zeigen eine dunkelblaue Färbung;
  - jüngere Zahnbeläge sind lila-rot gefärbt.

  Es werden folgende Fragen geklärt:
  „Wo befinden sich eingefärbte Stellen an den Zähnen?"
  „Was bedeuten die unterschiedlichen Färbungen der Zahnbeläge?"

  Anschließend wird die Bedeutung der Untersuchungsergebnisse für die eigene Gebisspflege erörtert.

- Zum Abschluss des Versuchs putzen sich die Kinder die Zähne mit Zahnpasta. Hierdurch lässt sich die eingefärbte Plaque leicht entfernen.

- Die Kinder erhalten einen von der Lehrkraft hergestellten Zahnumriss aus starker Pappe oder aus Styropor. Um ihre Vorstellungen von Zahnbelägen zu veranschaulichen, bringen sie mit roter/blauer Knete „Zahnbeläge" auf. Dabei können Farbnuancen durch Mischen der Knete hergestellt werden. Alternativ können die „Zahnbeläge" auch mit Farbstiften in den Materialbogen 10.1 (s. S. 34) eingezeichnet werden.

- Wie sieht Zahnbelag in Wirklichkeit aus?
  Mit Hilfe des Materialbogens 12.2 (OH-Folie) wird den Kindern eine elektronen-mikroskopische Aufnahme (13 000fache Vergrößerung) von Bakterien gezeigt, die an der Zahnoberfläche haften und den Zahnbelag bilden.

4. BEZUG ZU ANDEREN BAUSTEINEN

Baustein 3: Als ich im „Schlecker-Lecker-Land" war .... S. 16
Baustein 4: Als ich einmal die Zähne nicht putzen konnte .... S. 19

- Einfärben von Zahnbelägen mit MIRA-2-TON Tablets

  Hersteller:
  Hager & Werken GmbH u. Co. KG
  Ackerstraße 1, 47006 Duisburg,
  Tel.: 02 03/9 92 69-0

  Packungsgröße: Packung mit 10 Tabletten

  Bezugsquelle:
  Verein für Zahnhygiene e.V.,
  Bestellnummer: 5006

Was man im Mund nicht ohne weiteres sehen kann

Bakterien bilden Zahnbelag!

So sehen sie bei sehr starker Vergrößerung aus…

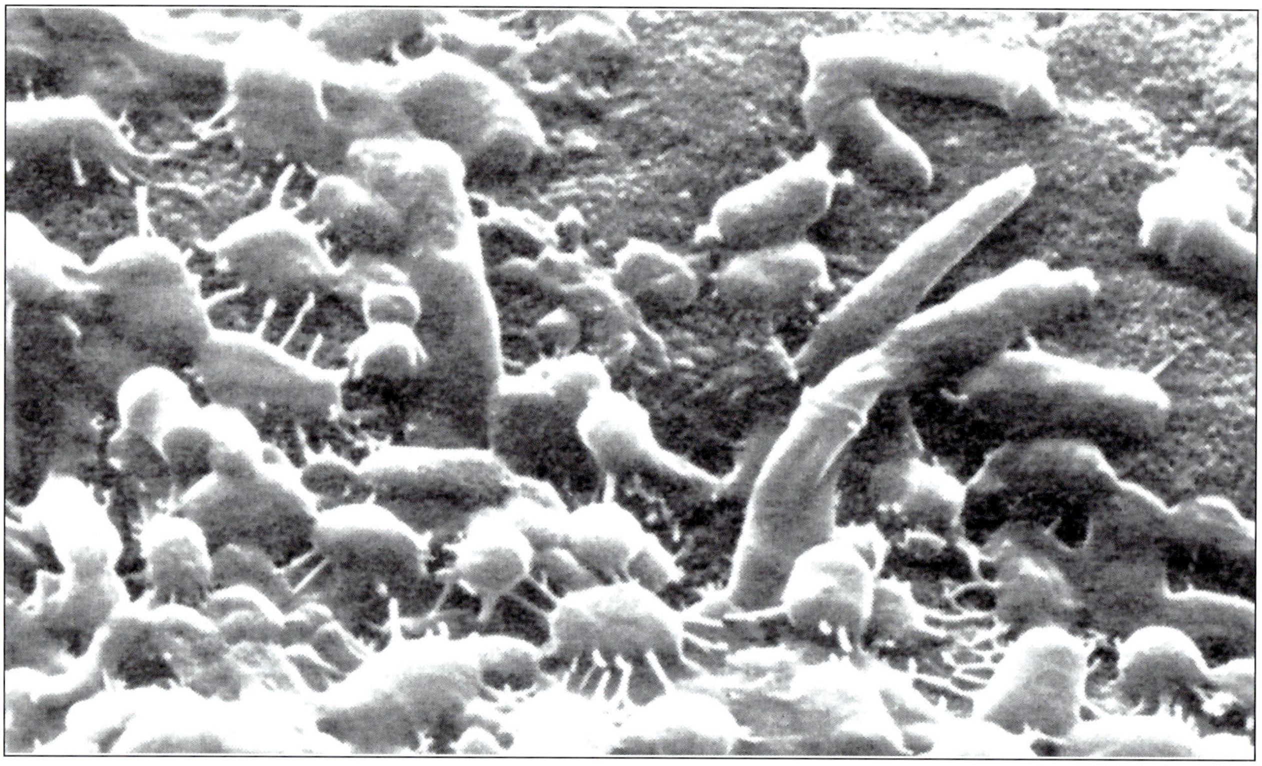

Wie Menschen früher ihre Zähne pflegten

1. BEZUG ZU DEN THEMENBEREICHEN (2) (3)

2. HINWEISE ZUM UMGANG MIT MATERIALBOGEN 13

Der Materialbogen 13 soll Kinder dazu anregen, sich mit der Gebisspflege in früheren Zeiten zu beschäftigen. In diesem Zusammenhang können Kinder

- eigene Vermutungen hierzu formulieren und zeichnerisch darstellen
- sich Informationen darüber beschaffen, wie Menschen früher Gebisspflege betrieben haben sowie
- die dabei gewonnenen Erkenntnisse mit gegenwärtig praktizierter Gebisspflege vergleichen.

3. ANREGUNGEN FÜR DEN UNTERRICHT

- Einleitend werden Vermutungen darüber formuliert, wie die Menschen früher ihr Gebiss gepflegt haben. Vermutungen von Kindern dazu:

  - *Mit den Fingern an den Zähnen rubbeln.*
  - *Mit Dornen zwischen den Zähnen stochern.*
  - *Mit Wasser oder mit Wein die Zähne spülen.*
  - *Mit Seife die Zähne putzen.*
  - *Mit Sand die Zähne reiben.*
  - *Mit weichem Holz die Zähne reiben.*

- Die Überlegungen der Kinder werden an einem Einzelbeispiel durch die Präsentation der OH-Folie von Materialbogen 13 veranschaulicht. In diesem Zusammenhang beschaffen sich die Kinder Informationen zu Hilfsmitteln und Methoden der Gebisspflege in früheren Zeiten und setzen sich damit auseinander.

Beispiele für Gebisspflege in früheren Zeiten

Zahlreiche historische Quellen belegen, dass Menschen es schon früher als bedeutsam ansahen, ihr Gebiss zu reinigen. Hierbei bedienten sie sich unterschiedlicher Hilfsmittel und Methoden:

Zu den ältesten bekannten Methoden der Mundhygiene gehört das ***Ausspülen des Mundes*** nach dem Essen mit „reinem, nicht zu kaltem" Wasser. Ein Verfahren, das auch heute noch empfohlen wird.
Im Laufe der Zeit wurden die Rezepturen für Mundspülungen/-reinigungen vielfältiger. Hierzu einige Beispiele:

- So sollten am Morgen die Zähne mit den Fingern und dem Saft zerriebener Minze gereinigt werden.

- Für die Mundpflege wurden in Indien Mischungen aus Bengalpfeffer, Ingwer und alkalischer Asche verwandt.

- Aus anderen Kulturkreisen ist bekannt, dass zum Spülen der Zähne Beimischungen von Wein, Minze, Pfeffer sowie Alaun oder allein Natron benutzt wurden.

- Neben der Reinigung des Mundes mit Wasser wurde zur Pflege des Zahnfleisches eine Mischung aus Wein und warmer Asche des Weinstockes eingesetzt.

Neben den „natürlichen Hilfsmitteln" beim Reinigen des Gebisses, den Fingern und der Zunge, wurden schon früh Schwämme und Tücher sowie ***Vorformen der Zahnbürste*** eingesetzt:

- In Aufzeichnungen aus dem 7. Jahrhundert n.Chr. heißt es, dass „ein Mann früh am Morgen sein Bett verlassen und seine Zähne bürsten soll". Die Zahnbürste bestand aus einem frischen, nicht wurmstichigen Zweig. Er war an einem Ende aufgefasert. Länge, Dicke und Holzart waren genau vorgeschrieben. Die „Zahnpasta" setzte sich aus einem Gemisch von Honig, Öl, gepudertem Bengalpfeffer, Zimt, Ingwer und Salz zusammen.

- Mohammed, der Begründer des Islam (7. Jahrhundert n. Chr.), verband für den arabischen Kulturkreis die Mundhygiene mit der Religion. Nach dem Koran sind alle Mohammedaner am Tag zu fünf rituellen Waschungen vor den Gebeten verpflichtet. Zu jeder Waschung gehört das dreimalige Ausspülen des Mundes mit Wasser (also 15 Mundspülungen am Tag). Zusätzlich empfahl Mohammed das Reinigen der Zähne mit einer Zahnfege, dem Siwak oder Miswak (s. Materialbogen 13).

  Der Siwak besteht aus einem Zweig des Arakbaums, der auch „Zahnbürstenbaum" genannt wird. Sein Holz enthält Natron, Gerbsäure und andere Bestandteile mit einer positiven Wirkung für das Zahnfleisch. Zur Herstellung der Zahnfege wird ein Zweig von gut einem Zentimeter Durchmesser für ca. 24 Stunden in Wasser gelegt, bis sich die Fasern voneinander lösen. Die dichten, nicht zu harten Fasern werden freigelegt, indem ein Stück Rinde vom Zweig abgezogen wird. Hat sich der faserige Teil abgenutzt, wird er einfach abgeschnitten, und der verbleibende Teil des Zweiges wird neu präpariert.

  Diese Zahnfege verwandten die Araber schon in vorislamischer Zeit. Sie ist bis heute im Orient in Gebrauch. Zahnfegen werden auch aus anderen aromatischen Holzarten hergestellt (z. B. aus Zweigen der Bergolive, des Kapern- und Balsamstrauchs). Nach Ibn-Abdin (islamischer Theologe des 19. Jahrhunderts) wird der Siwak vor allem bei folgenden Anlässen gebraucht:
  - wenn die Zähne „vergilben"
  - wenn sich der Geschmack im Mund verändert
  - nach dem Aufstehen
  - vor dem Gebet.

Das älteste Hilfsmittel zur Reinigung der Zähne ist allerdings der Zahnstocher. Anfangs wurde er aus weichem Holz oder Federn hergestellt, später auch aus Elfenbein oder Bronze. Häufig wurde er kunstvoll ziseliert und emailliert. Oft wurde ein Zahnstocher auch wie ein Schmuckstück an einer Kette um den Hals getragen. Mit der Erfindung der Zahnbürste in ihrer heutigen Form verlor der Zahnstocher seine ehemalige Bedeutung.

I☐ Es wird empfohlen, den Baustein 14 anzuschließen, um den Vergleich mit der heutigen Gebisspflege zu ermöglichen.

4. BEZUG ZU EINEM ANDEREN BAUSTEIN

Zahnpflege mit Zahnfege

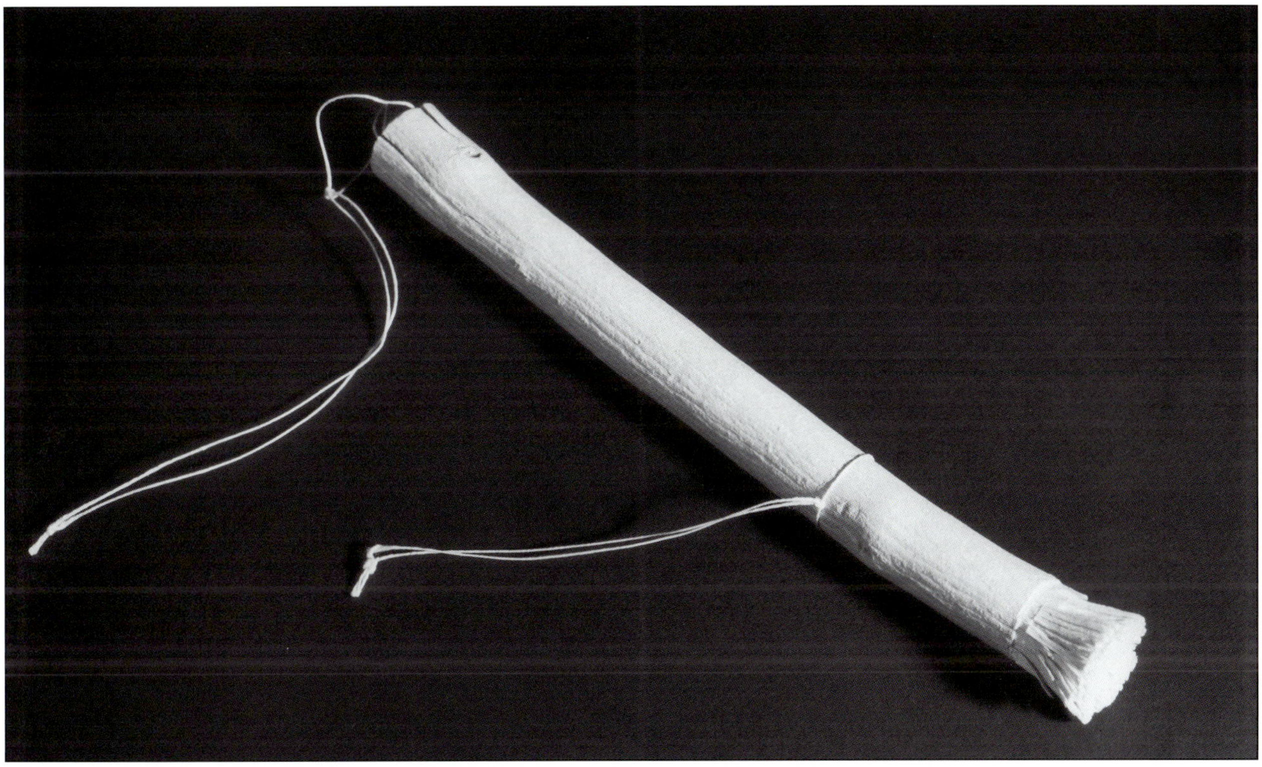

Wie wir heute unsere Zähne pflegen

1. BEZUG ZU DEN THEMENBEREICHEN (2) (3)

2. HINWEISE ZUM UMGANG MIT DEM MATERIALBOGEN 14

Der Materialbogen 14 zeigt in einer Bildsequenz verschiedene Hilfsmittel und Methoden heutiger Gebisspflege. Die Bildinhalte sind dazu geeignet,

- Erfahrungen über Gebisspflege zu reflektieren
- sich Informationen über Hilfsmittel und Methoden zu beschaffen
- mit der Putztechnik nach KAI eine geeignete Putztechnik für das Gebiss kennen zu lernen und anzuwenden.

3. ANREGUNGEN FÜR DEN UNTERRICHT

- Den Kindern wird die OH-Folie von Materialbogen 14 gezeigt. Im Gespräch äußern sie sich zu den Bildinhalten.

- Verschiedene „Hilfsmittel zur Gebisspflege" werden von den Kindern nach Möglichkeit von zu Hause mitgebracht. Deren Anwendung wird in der Klasse demonstriert. Hierbei muss die Lehrkraft darauf achten, dass die Handhabung der Hilfsmittel richtig erfolgt.

- Um die Kenntnisse der Kinder zu festigen, werden gemeinsam kurze Sachtexte zu den jeweiligen Hilfsmitteln der Gebisspflege entwickelt. Dazu werden die Einzelbilder der OH-Folie von Materialbogen 14 ausgeschnitten und sukzessive projiziert. Im Plenum wird zu jedem Bild ein Text formuliert und an die Tafel geschrieben, z. B.:

  - Mit der Zahnseide mache ich die Räume zwischen den Zähnen sauber.
  - Die elektrische Zahnbürste reinigt die Zähne wie von selbst. Sie muss aber überall an die Zähne heran!
  - Mit der Zahnbürste putze ich meine Zähne zwei bis drei Minuten lang.
  - ……

  Abschließend können die Kinder den Materialbogen 14 in ähnlicher Weise nutzen: Sie schneiden Einzelbilder auseinander, kleben sie untereinander auf ein DIN-A3-Blatt und schreiben eigene Texte (eventuell auch die Tafeltexte) zu den einzelnen Bildern.

- Nachdem die Kinder die verschiedenen Methoden kennen gelernt haben, reinigen sie abschließend ihr Gebiss nach der KAI-Putztechnik.

  Alternativ kann auch das Lernspiel „Putzmunter" (hrsg. vom Verein für Zahnhygiene e.V., Bestell-Nr.: 5022) und/oder der „Zahnputzsong" (Index-Nr.: 05) oder bei Erarbeitung eines eigenen Rap-Song-Textes die Instrumentalfassung zum Mitsingen der Musik-CD „Zahnhits" (Index-Nr.: 11) Verwendung finden (s. auch Anhang, S. 98).

4. BEZUG ZU ANDEREN BAUSTEINEN

Baustein 12: Was man im Mund nicht ohne weiteres sehen kann .... S. 39
Baustein 13: Wie Menschen früher ihre Zähne pflegten .... S. 43
Baustein 8: Alles KAI oder was? (3./4. Schuljahr) .... S. 68
Musik-CD: „Zahnhits" (herausgegeben vom Verein für Zahnhygiene e. V.)
Lernspiel: „Putzmunter" (herausgegeben vom Verein für Zahnhygiene e. V.)

Szenen nach dem Frühstück

3./4. Schuljahr

1. Aufgabenbereich:
Bausteine unter dem Aspekt des
Erlebnis- und Erfahrungsbezuges

Als mir einmal die Spucke weg blieb

1. BEZUG ZU DEN THEMENBEREICHEN (1) (3)

2. HINWEISE ZUM UMGANG MIT DEM MATERIALBOGEN 1

Der Materialbogen 1 soll Kinder aufmerksam machen auf

- die Bedeutung des Speichels bei der Nahrungsaufnahme und auf
- die Rolle, die er für die Vorgänge in der Mundhöhle spielt.

Durch gezielte Bearbeitung der Leitfragen können sie

- eigene physische und psychische Erfahrungen über Speichel artikulieren sowie
- Hypothesen über die Funktionen des Speichels in der Mundhöhle und für die Verdauung bilden.

3. ANREGUNGEN FÜR DEN UNTERRICHT

- Mit Hilfe einer „Mind-Map"/eines „Clusters" zum Begriff „Spucke"/„Speichel" wird das Thema eingeführt. Dazu werden beide Begriffe gut sichtbar in die Mitte der Tafel/eines Blattes geschrieben und umkreist. Spontan werden dann Wörter rund um die Begriffe aufgeschrieben, die einem dazu einfallen.
- Bei der Aussprache über die „Gedankennetze" der Kinder wird in der Regel erkennbar, dass der Begriff „Spucke" in unserer Alltagssprache negativ besetzt ist: „Vor jemandem ausspucken", „Jemandem ins Gesicht spucken", „Die Spucke läuft jemandem aus dem Mund", „Jemand sabbert wie ein Baby", aber auch „Manchem läuft das Wasser im Mund zusammen".
- Unter Verwendung von Materialbogen 1 wird schrittweise – am besten in Partnerarbeit – herausgearbeitet, welche Bedeutung der Speichel für den Menschen hat. Die Arbeitsergebnisse werden im Plenum vorgestellt und in einer Tafelübersicht festgehalten. Dem Sinn nach wird Folgendes zusammengefasst, z. B.:

  - „Ein trockener Mund" signalisiert Durstgefühle.
  - Speichel hält die Mundhöhle feucht.
  - Speichel macht die Nahrung gleitfähig. Ohne Speichel „müsste man die Nahrung herunterwürgen" (man denke zum Beispiel an den Verzehr von Knäckebrot).
  - Speichel hat vor allem eine reinigende Spülwirkung für das Gebiss.
  - Er verdünnt „das Süße und Saure" in Speisen.
  - Im Speichel sind Stoffe enthalten, die den Zahnschmelz schützen.
  - Bestandteile des Speichels tragen dazu bei, dass die Verdauung bereits in der Mundhöhle beginnt.
  - Durch gründliches Kauen wird der Speichelfluss gefördert.

4. BEZUG ZU EINEM ANDEREN BAUSTEIN

Baustein 11: Ohne Süßes geht es nicht? .... S. 74

Als mir einmal die Spucke weg blieb

hat Manuel zu seiner jüngeren Schwester gesagt, als sie neulich beim Computer spielen viel besser war als er. Das hatte er noch nie erlebt. Dieser Spruch ist eine Redensart, die man manchmal zu hören bekommt, wenn jemand völlig überrascht ist.

Hast du aber wirklich schon einmal erlebt, dass dir die Spucke im Mund fehlte? Zu Spucke sagt man auch Speichel.
Bei welcher Gelegenheit war das?

___

Wie hast du dich dabei gefühlt?

___

___

Hast du aber auch schon einmal erlebt, dass du besonders viel Speichel im Mund hattest?
Bei welcher Gelegenheit war das?

___

Was würde wohl passieren, wenn einem für immer der Speichel weg bliebe? Schreibe deine Überlegungen hierzu auf!
Wenn man keinen Speichel mehr hätte, dann

___

___

___

Als mir die Schneidezähne fehlten

1. BEZUG ZU DEN THEMENBEREICHEN (1) (2)

2. HINWEISE ZUM UMGANG MIT DEM MATERIALBOGEN 2

Der Materialbogen 2 bietet die Möglichkeit, mit Hilfe einer Traumgeschichte,

- das Thema „Wechselgebiss" aufzunehmen
- Kenntnisse der Kinder über die Funktionen der verschiedenen Zahnformen zu ermitteln/zu festigen sowie über die ästhetische Wirkung eines gepflegten Gebisses zu sprechen.

3. ANREGUNGEN FÜR DEN UNTERRICHT

- Den Kindern wird „Sinas Traum" erzählt. Sie äußern sich dazu, warum Sina wohl einen „Riesenschreck" bekommen hat. Dabei werden die Kinder vielfach über eigene Erfahrungen mit „fehlenden Schneidezähnen" berichten, angefangen vom Ausfallen der Schneidezähne bis möglicherweise hin zum Verlust bleibender Schneidezähne durch einen Unfall.
  Es bietet sich auch an, „Sinas Traum" als Gespräch zwischen Mutter/Tochter oder Vater/Sohn spielen zu lassen.
- Durch die zeichnerische Bearbeitung des „Bildes von Sina" machen sich die Kinder klar, wie ein Gebiss ohne Schneidezähne „aussieht" und wie jemand der sprichwörtlich „nicht die Zähne zeigen kann", bei anderen Menschen „ankommt".
  Textbeispiel zu Materialbogen 2:
  „Sina konnte nicht mehr richtig abbeißen und musste nun andauernd Brei löffeln. Sie konnte auch nicht mehr so gut sprechen wie vorher und sah einfach zum Fürchten aus."
- Abschließend denken sich die Kinder allein/in Partner- oder Gruppenarbeit „lustige Traumszenen" aus und schreiben sie auf. Dabei dürften vor allem Geschichten über das „Aussehen" von Sina und über ihre „Schwierigkeiten beim Abbeißen" entstehen.
- Die gelungensten Geschichten können schließlich in ein großes Wandbild „Als mir die Schneidezähne fehlten ..." eingefügt werden.

4. BEZUG ZU ANDEREN BAUSTEINEN

Baustein 8: Alles KAI oder was? .... S. 68
Baustein 14: Wir werben für ein gesundes Gebiss! .... S. 82

Als mir die Schneidezähne fehlten

Neulich hat uns Sina im Gesprächskreis einen Traum erzählt:

„Stellt euch vor: In meinem Traum gucke ich in einen großen Spiegel. Nur mein Gesicht ist zu sehen, und ich sehe genauso aus wie immer. Dann muss ich auf einmal lachen. Und als ich den Mund aufmache, bekomme ich einen Riesenschreck – mir fehlen die Schneidezähne!!!"

Wie hat Sina wohl ausgesehen?
Zeichne es hier in ihr Foto ein.

Sinas Traum ging weiter. Sie hat uns dann noch einige lustige Geschichten erzählt, die ihr wegen der fehlenden Schneidezähne passiert sind.

Was könnte das gewesen sein? Schreib hier auf, was dir selbst dazu einfällt!

Wenn meine Zahnbürste sprechen könnte

1. BEZUG ZU DEN THEMENBEREICHEN (1) (2) (3) (4)

2. HINWEISE ZUM UMGANG MIT DEM MATERIALBOGEN 3

Der Materialbogen 3 bietet einen Fantasietext, der Kinder dazu anregen kann, sich gezielt mit der Zahnbürste – einem der wichtigsten Hilfsmittel für die Gebisspflege – auseinander zu setzen. Dabei können Kinder vor allem

- eigene Erfahrungen über dieses Hilfsmittel artikulieren
- Kenntnisse über Aufbau und Leistungen des Gebisses anwenden sowie
- lernen, die Beschaffenheit von Zahnbürsten zu beurteilen.

3. ANREGUNGEN FÜR DEN UNTERRICHT

- Es wird der Cartoon in Materialbogen 3 vergrößert und der Klasse möglichst mit Hilfe einer OH-Folie gezeigt.

- Die Kinder sprechen über das Bild und sammeln dabei ihre Einfälle und Ideen. So lässt sich eine Begriffssammlung an der Tafel entwickeln.
  Beispiel: Zähne, Zunge, Rachen, Speichel, Mundhöhle, Bakterien, Zahnbelag …
  In diesem Zusammenhang könnte aus dem 1./2. Schuljahr der Materialbogen 10.1 (S. 34) als OH-Folie genutzt werden,
  - um den „Wirkungsraum der Zahnbürste“ genauer festzulegen und
  - um die genannten Begriffe der Abbildung zuzuordnen.

- Danach wird gezielt eine der Ideen aufgenommen und daraus mit den Kindern beispielhaft eine „Zahnbürsten-Geschichte“ entwickelt.

- In Partner-/Gruppenarbeit werden weitere Geschichten erfunden, aufgeschrieben und gezeichnet. Neben dem perspektivischen Schreiben („Aus dem Leben einer Zahnbürste“) eignet sich auch das „Mesostichon“ als Schreibmethode (vgl. dazu das Beispiel auf S. 70).
  Das „Leben einer Zahnbürste“ lässt sich ebenfalls gut in ein „Hörspiel“ umsetzen. Auch „Mundreportagen“, bei denen Reporter mit Mikrofon und Kassettenrekorder „live“ über das „spannende Leben einer Zahnbürste“ berichten, sind für die Kinder motivierend.

- Zahnbürsten von zu Hause mitbringen lassen und gemeinsam Kriterien für geeignete Zahnbürsten bestimmen.

4. BEZUG ZU EINEM ANDEREN BAUSTEIN

Baustein 10: Wir führen ein Zahnpflege-Tagebuch .... S. 72

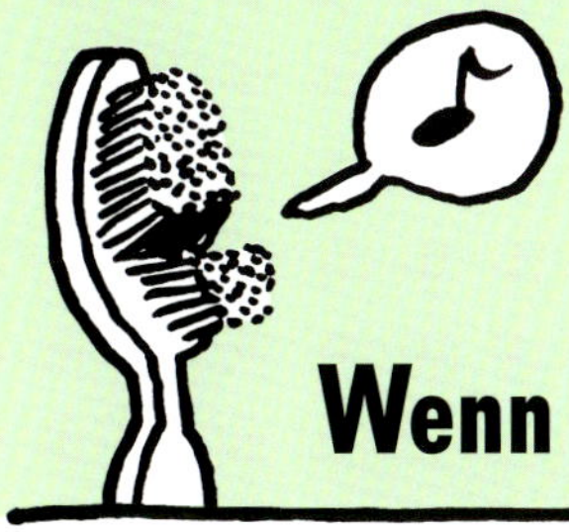

Wenn meine Zahnbürste sprechen könnte

Manchmal kommt Mirko auf ganz tolle Ideen. Da stellt er sich vor, alle möglichen Lebewesen und Dinge könnten zu ihm sprechen, wenn er es sich wünscht. Neulich hat er überlegt, was ihm wohl seine Zahnbürste erzählen könnte:

„Tag für Tag nehme ich sie ja mehrmals in die Hand und benutze sie einfach so, weil die Zähne eben geputzt werden müssen.

- Freut sich meine Zahnbürste eigentlich darüber, oder macht es ihr überhaupt keinen Spaß?
- Ist sie zufrieden damit, wie ich mit ihr umgehe oder ärgert sie sich manchmal über mich?
- Was erlebt sie eigentlich in meinem Mund?
- Sprechen vielleicht die Zähne, die Zunge oder die Zahnpasta mit ihr …?
- Und ist sie etwa traurig, wenn sie abgenutzt und gegen eine neue Zahnbürste ausgetauscht wird?"

Wenn Mirko solche Gedanken kommen, dann fällt ihm oft dazu auch eine kleine Geschichte ein. Manchmal erzählt er sie jemandem und schreibt sie dann in sein eigenes Geschichtenbuch.

Versuche selbst,

- eine ähnliche Geschichte zu erfinden
- sie jemandem zu erzählen und
- dann aufzuschreiben.

Zahnspange – einfach toll!

1. BEZUG ZU DEN THEMENBEREICHEN (3) (4)

2. HINWEISE ZUM UMGANG MIT DEM MATERIALBOGEN 4

Der Materialbogen 4 bietet einen Alltagsdialog zum Thema „Zahnspange" an. Er kann als Gesprächs- und Arbeitsimpuls dienen, um mit Kindern zu untersuchen,

- welche persönlichen Erfahrungen sie mit „der Zahnspange" haben
- wie sie „die Zahnspange" bei anderen Kindern wahrnehmen und
- was sie über Zahnspangen wissen.

3. ANREGUNGEN FÜR DEN UNTERRICHT

- Der Dialog zwischen Mutter und Tochter wird den Kindern vorgelesen. Er kann auch – von Kindern vorbereitet – als kurze (Hör-)Szene vorgespielt werden. Im Gespräch äußern sich die Kinder dazu,
  - was sie von Sinas Wunsch halten und
  - ob sie selbst Erfahrungen mit Zahnspangen haben.
- Im Anschluss an das Gespräch entwickeln die Kinder in Gruppenarbeit eine Fortsetzung für die Geschichte. Dazu erhalten sie Materialbogen 4 als Orientierungs- und Arbeitshilfe. Textbeispiel zur Leitfrage im Materialbogen 4: *Mein Oberkiefer steht zu weit über. Mit der Zahnspange wird das richtig gestellt.*
- Unter Bezug auf die Fortsetzungsgeschichten wird in einem Tafelprotokoll erarbeitet, woher man Sachinformationen zum Thema bekommt.

Beispiele:
- Kinder mit Zahnspangen referieren über Aussehen und Funktion der Zahnspange. Sie erzählen dabei von ihren Erfahrungen: Besuch bei Zahnärztin/Zahnarzt oder bei Kieferorthopädin/Kieferorthopäde. Verschiedene Zahnspangen werden gezeigt und über das „Leben mit einer Zahnspange" wird berichtet. In diesem Zusammenhang nutzen sie Informationsmaterial, das mit Hilfe der Sachinformation „Kieferorthopädische Behandlung" (s. S. 131 ff.) von der Lehrkraft zusammengestellt werden kann. Hierbei sollte die Lehrerin/der Lehrer insbesondere auf die **Pflege der Zähne** bei Zahnspangenträgerinnen/Zahnspangenträgern hinweisen, wie sie **von Kieferorthopädinnen/Kieferorthopäden vorgegeben** werden.
- Die Kinder interviewen Zahnärztinnen/Zahnärzte zum Thema und werten die Interviews in Form von Sachdarstellungen aus. Schwerpunkt der Recherchen sollte es sein, herauszufinden, welche Zahnfehlstellungen mit Zahnspangen korrigiert werden können. In Form einer Informationstafel werden die Ergebnisse der Recherche zusammengefasst und in der Klasse veröffentlicht.

Alternativ dazu können die Kinder auch einen „Zahnspangen-Rap" verfassen, indem sie zum Beispiel Witziges über das „Leben eines Zahnspangenträgers" reimen (vgl. dazu den „Zahnputz-Rap", Baustein 16.1, S. 87). Für diese Arbeit lässt sich sehr gut die Instrumentalversion des „Zahnputzsongs" (Index-Nr.: 05 und 11) der Musik-CD „Zahnhits" nutzen.

4. BEZUG ZU ANDEREN BAUSTEINEN

Baustein 13: Wir interviewen eine Zahnärztin oder einen Zahnarzt .... S. 80
Baustein 14: Wir werben für ein gesundes Gebiss! .... S. 82

Zahnspange – einfach toll!

Neulich bei Sina zu Hause. Sina und ihre Mutter sind beim Mittagessen:

Sina: Tanja hat eine Zahnspange. Und ich möchte auch gern eine haben.

Mutter: Nanu, wieso denn das?

Sina: Ich finde, Zahnspangen sind einfach toll! Bei uns in der Klasse haben schon viele eine Zahnspange. Die sehen wirklich gut damit aus. Die Spangen sind aus Kunststoff in Rosa oder Grün. Und eine leuchtet sogar im Dunkeln!

Mutter: Aber du kannst dir doch nicht einfach eine Zahnspange wünschen, nur weil das toll aussieht. Weißt du genauer, warum Zahnspangen getragen werden?

Sina: Also – wenn irgendwie die Zähne schief stehen. Aber genau weiß ich es nicht.

So könnte Sina mit einer Zahnspange aussehen

Weißt du überhaupt, warum Zahnspangen getragen werden?

____

____

____

____

Wenn die Zähne „sauer" werden ...

1. BEZUG ZU DEN THEMENBEREICHEN (1) (2) (3) (4)

2. HINWEISE ZUM UMGANG MIT DEM MATERIALBOGEN 5

Der Materialbogen 5 soll Kinder mit Hilfe einer kurzen Erzählung dazu anregen,

- sich mit dem Thema „Zuckerkonsum und Gebissgesundheit" auseinander zu setzen
- vorhandene Sachkenntnisse über die Entstehung und den Verlauf von Karies zu überprüfen und/oder
- sich gezielt Informationen zum Thema Karies zu beschaffen.

3. ANREGUNGEN FÜR DEN UNTERRICHT

- Die Geschichte wird den Kindern von der Lehrkraft vorgelesen. Wenn die Kinder sich spontan zum Text äußern, lassen sie in der Regel erkennen,
  - dass ihnen „des Großvaters Erklärung" (wie „Karius" und „Baktus") aus den ersten beiden Schuljahren bekannt ist
  - dass sie „die Geschichte" akzeptieren und
  - dass sie die „Aufregung der Großmutter" nicht ganz verstehen können.

- Die Kinder werden aufgefordert, in Partner-/Gruppenarbeit aufzuschreiben, was „die Großmutter" den Kindern erzählen könnte.

- Texte der Kinder, die vielfach ihr Vorwissen wiedergeben, werden vorgelesen. Beispiel:
  „Im Mund sind Bakterien. Die machen aus Zucker Säure. Die Säure geht auf den Zahnschmelz los und macht mit der Zeit ein Loch in den Zahn. Aber nicht, wenn man sich die Zähne putzt!"

- Alternativ kann die Geschichte auch in ein szenisches Spiel umgesetzt werden. Dabei kann deutlich werden, dass die Geschichte des Großvaters für die Kinder zwar anschaulich ist, aber Entstehung und Verlauf der Karies sachlich falsch darstellt.

- In diesem Zusammenhang können auch Versuche durchgeführt werden, die zum Verständnis von Entstehung und Verlauf der Karies beitragen (vgl. Baustein 16).

- Abschließend werden Verhaltensweisen („Sprüche") formuliert, die der Kariesprophylaxe dienen. Aussagen von Kindern:
  „Unser Gebiss bleibt sauber!"
  „Zahnpasta mit Fluorid – ja bitte!"
  „Zucker – nein danke!"
  „Keine Zeit dem Zahnbelag!"
  „Speisesalz immer mit Fluorid!"

4. BEZUG ZU ANDEREN BAUSTEINEN

Baustein 11: Ohne Süßes geht es nicht? .... S. 74
Baustein 12: Wenn etwas „faul" am Zahn ist .... S. 77
Baustein 16.1: Unser Zahnlabor: Schützt Fluorid die Zähne? .... S. 87

Wenn die Zähne „sauer" werden ...

Fred findet seine Großeltern toll.
„Beide sind richtig gut drauf", meint er, „die unternehmen viel mit mir und meiner Schwester. Mal machen wir eine Radtour, mal basteln wir oder kochen zusammen. Mal gehen wir ins Kino oder in den Zoo. Also, wir haben wirklich viel Spaß miteinander." Neulich haben sich aber die Großeltern wegen Fred ein bisschen gestritten.

Fred erzählt, wie es dazu kam: „Wir waren zusammen Eis essen und ich hatte mir einen Eisbecher bestellt. Als ich mir gerade den ersten Löffel mit Eis in den Mund geschoben hatte und so richtig genießen wollte, da fühlte ich plötzlich rechts oben ein Stechen und Ziehen in den Zähnen. Mir wurde ganz anders. Na, ich habe dann sofort mit dem Eis essen aufgehört." – „Du hast wohl ein Loch im Zahn?" meinte Opa. „Kann schon sein", sagte ich. „Das wäre dann aber etwas ganz Neues. Wie kann das bloß passieren?" – „Das ist nicht einfach zu erklären", sagte Opa, „aber ich versuche es mal."

„Du musst dir vorstellen, in deinem Mund gibt es lauter winzig kleine Lebewesen. Die kleben sich auch an deine Zähne. Eigentlich sind sie harmlos. Aber wenn sie Zucker zu essen bekommen, dann werden sie regelrecht zu beißwütigen Teufelchen. Sie schlabbern das Süße in sich hinein, werden immer kräftiger und fressen die Zähne an. Haben die Teufelchen erst einmal ein Loch in einen Zahn gefressen, so ist es nicht mehr schwer für sie, aus dem Loch eine Höhle zu machen. Das wird wohl bei dir der Fall sein! Ein Loch im Zahn, das bedeutet Karies!"

„Wie kannst du denn dem Jungen nur eine solche Geschichte erzählen", regte sich da meine Oma auf. „Beißwütige Teufelchen, die den Zahn anfressen und sich eine Höhle bauen. Das ist doch Unsinn! Warum erzählst du Fred denn nicht, wie das richtig abläuft ...?" – „Bitte, dann erzähl du doch den Kindern, wie es richtig sein müsste!" ärgerte sich mein Opa.

Weißt du vielleicht, wie die Großmutter Fred und seiner Schwester den Vorgang erklärt hat? Bitte schreibe es hier auf. Du kannst dabei folgende Begriffe benutzen: Bakterien – Säuren – Zahnbelag – Zahnschmelz – Zucker.

Wenn der Zahn aber ein Loch hat!?

1. BEZUG ZU DEN THEMENBEREICHEN (3) (4)

2. HINWEISE ZUM UMGANG MIT DEM MATERIALBOGEN 6

Der Materialbogen 6 soll Kinder mit Hilfe einer kurzen Erzählung dazu anregen,

- sich gezielt mit Karies auseinander zu setzen
- sich Informationen darüber zu beschaffen, an welchen Stellen Zähne besonders kariesgefährdet sind und
- sich über die Kariesbehandlung zu informieren.

3. ANREGUNGEN FÜR DEN UNTERRICHT

- „Wie merkt man, dass mit einem Zahn etwas nicht stimmt?" Zu dieser Leitfrage werden zunächst Aussagen der Kinder zu ihren Erfahrungen und Wahrnehmungen an der Tafel protokolliert. Im Anschluss wird Bukets Geschichte bis zu der Stelle „...Papa irrt sich bestimmt!" vorgelesen.

- Nach den spontanen Äußerungen der Kinder wird festgestellt, was Buket an sich wahrgenommen hat. Dabei machen die Kinder in der Regel deutlich, wie schwierig und „ungenau" diese Art der Selbstuntersuchung ist.

- An einem Demonstrationsgebiss – soweit vorhanden – wird von den Kindern gezeigt, an welchen Stellen sich bevorzugt Löcher in Zähnen bilden können. Diese Stellen sind:
  - die tiefen Rillen und Furchen (Fissuren) in den Kauflächen der kleinen und großen Backenzähne
  - die Seitenflächen eng nebeneinander stehender Zähne
  - die Zahnkronen im Bereich der Zahnfleischsäume.

- Auf Grund der Untersuchung wird Buket empfohlen, „mit den Eltern zur Zahnärztin/zum Zahnarzt zu gehen, um sich genau untersuchen und behandeln zu lassen".

4. BEZUG ZU ANDEREN BAUSTEINEN

Baustein 5: Wenn die Zähne „sauer" werden ...... S. 58
Baustein 12: Wenn etwas „faul" am Zahn ist .... S. 77
Baustein 13: Wir interviewen eine Zahnärztin oder einen Zahnarzt .... S. 80

Wenn der Zahn aber ein Loch hat!?

Buket merkt seit einiger Zeit, dass mit einem Backenzahn rechts oben irgend etwas nicht stimmt: Wenn sie Kaltes trinkt, zieht es da oben, wenn sie Heißes trinkt, zieht es da oben, wenn sie Süßes isst, zieht es da oben, wenn sie die Luft schnell in den Mund einzieht, dann…!

Ihr Vater meint dazu:
„Du hast da bestimmt ein Loch im Zahn und das muss von unserem Zahnarzt untersucht und behandelt werden. Am besten gehen wir beide zusammen zum Zahnarzt, der wird das Richtige machen."

„Ein Loch im Zahn, das muss man doch sehen können", denkt Buket.

Als sie vor dem Badezimmerspiegel steht und den Mund weit aufreißt, um besser sehen zu können, kann sie auf den ersten Blick nichts entdecken. Dann nimmt sie den kleinen Mundspiegel, der im Apothekenschränkchen liegt und prüft, ob da ein Loch ist. „Nichts zu sehen", sagt sich Buket, „Papa irrt sich bestimmt." – „Irgend etwas ist da aber los! Doch wie bekommt man das am besten raus?"

Was würdest du Buket empfehlen?

____

____

____

Vom Zahnreißer zum Zahnarzt

1. BEZUG ZUM THEMENBEREICH (4)

2. HINWEISE ZUM UMGANG MIT DEN MATERIALBOGEN 7.1–7.3

Der Materialbogen 7.1 informiert über die Behandlung von Zahnkrankheiten in früheren Zeiten. In Verbindung mit Materialbogen 7.2 und 7.3 können Kinder,

- zwischen „einst" und „jetzt" vergleichen und
- sich dabei bewusst machen, wie sie ihre Zahnärztin/ihren Zahnarzt erleben.

3. ANREGUNGEN FÜR DEN UNTERRICHT

- Zu Beginn des Unterrichts werden die Kinder zu einer pantomimischen Darstellung angeregt: „Wie geht es einem Menschen, der Zahnschmerzen hat? Zeigt es euch gegenseitig ohne Worte."

- Nach den Darstellungen der Kinder werden Beschreibungen gesammelt, die aus ihrer Sicht den Zahnschmerz ausdrücken können:
  - *„Es ist schrecklich."*
  - *„Es reißt im Kopf."*
  - *„Man kann nicht schlafen."*
  - *„Es pocht und pocht und hört nicht auf."*
  - *„Man denkt nur noch an den Zahn …"*

  Fazit: Damit die Schmerzen aufhören, begibt man sich so schnell wie möglich in zahnärztliche Behandlung.

- Anschließend wird den Kindern mit Hilfe einer OH-Folie das Bild vom „Zahnreißer" gezeigt (dazu Abbildung möglichst vergrößern). Gemeinsam wird die Abbildung ausgewertet. In diesem Zusammenhang kann den Kindern deutlich werden, wie grausam und schmerzhaft früher eine solche Behandlung für die Menschen gewesen sein muss. (Die Abbildung, die Radierung eines unbekannten Engländers aus dem 18. Jahrhundert, zeigt einen Zahnreißer bei seiner Tätigkeit in einer Schmiede.)

- Um zu veranschaulichen, wie viel besser es die Patienten heute haben, wird den Kindern das Bild einer modernen Zahnarztpraxis mit Hilfe einer OH-Folie des Fotos von Materialbogen 7.2 gezeigt. Gemeinsam wird die dargestellte Situation „untersucht". In diesem Zusammenhang berichten die Kinder, was sie auf dem Bild (wieder)erkennen können, wie sie die Situation deuten und was sie als Fortschritt in der Zahnbehandlung gegenüber früheren Zeiten ansehen.

- Anschließend erhalten die Kinder den Materialbogen 7.3 und beantworten zunächst für sich allein die einzelnen Fragen. Danach sollten sie kleine Gruppen bilden und sich über ihre Erfahrungen austauschen.

- Diese Gruppen berichten der Klasse und halten in Form eines Protokolls fest, welche Antworten zu den Einzelfragen wichtig sind.

4. BEZUG ZU ANDEREN BAUSTEINEN

Baustein 6: Wenn der Zahn aber ein Loch hat!? .... S. 60
Baustein 13: Wir interviewen eine Zahnärztin oder einen Zahnarzt .... S. 80

Vom Zahnreißer zum Zahnarzt

Keiner hat gern Zahnschmerzen! Ganz gleich, ob es nur ein bisschen im Zahn zieht, ob es etwas stärker pocht oder ob es stark schmerzt. Wer Zahnschmerzen hat, geht natürlich gleich zur Zahnärztin oder zum Zahnarzt und lässt sich dort helfen. Früher gab es keine Zahnärzte. Wer in früheren Zeiten Zahnschmerzen hatte, der ging beispielsweise zum Bader (ein Frisör, der auch Heilgehilfe war) oder zu einem Zahnreißer und ließ sich dort „behandeln".

Vom Zahnreißer zum Zahnarzt

Die schlechten Zeiten für Patienten sind noch gar nicht so lange vorbei. Erst seit gut 100 Jahren gibt es in Deutschland den Beruf der Zahnärztinnen und Zahnärzte. Heute braucht sich niemand mehr wegen seiner Zahnschmerzen vor einer zahnärztlichen Behandlung zu ängstigen.

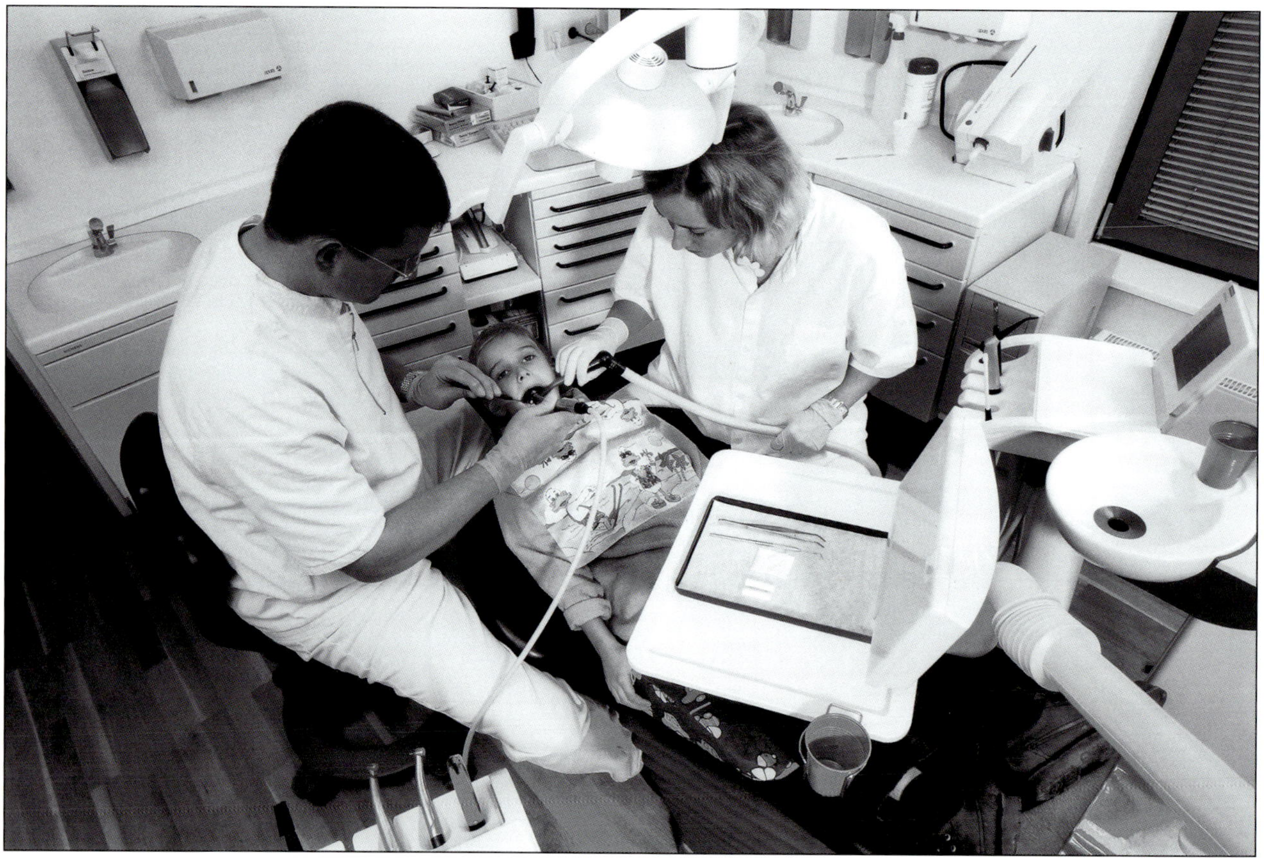

Vom Zahnreißer zum Zahnarzt

Wie ist es zum Beispiel bei dir, wenn du zu deiner Zahnärztin oder deinem Zahnarzt gehst?

- Aus welchen Gründen gehst du zur Zahnärztin oder zum Zahnarzt?

___

___

___

- Wie fühlst du dich meistens vor der Behandlung?

___

___

___

- Wie verläuft der Besuch bei der Zahnärztin oder beim Zahnarzt gewöhnlich?

___

___

___

- Was ist bei der Behandlung gut für dich, was gefällt dir nicht so sehr?

___

___

___

Wie fühlst du dich nach einer Behandlung?

3./4. Schuljahr

2. Aufgabenbereich:
Bausteine unter dem Aspekt des
Sach- und Handlungsbezuges

Alles KAI oder was?

1. BEZUG ZU DEN THEMENBEREICHEN (1) (3)

2. HINWEISE ZUM UMGANG MIT DEM MATERIALBOGEN 8

Der Materialbogen 8 thematisiert die Gebisspflege nach der KAI-Putztechnik (**K**auflächen – **A**ußenflächen – **I**nnenflächen der Zähne putzen). Indem sich die Kinder mit der Putztechnik nach KAI auseinander setzen, können sie ihrem Kenntnisstand entsprechend die Methode beschreiben, begründen und danach die Zähne putzen.

3. ANREGUNGEN FÜR DEN UNTERRICHT

I☐ Man kann auf verschiedenen Wegen in den Unterricht einsteigen:
- Die Kinder suchen mit Zahnstocher und Spiegel nach Zahnbelägen.
- Die Kinder färben unter Anleitung Zahnbeläge ein (s. 1./2. Schuljahr, Baustein 12, S. 39 ff). Die Einfärbungen werden anschließend beim gemeinsamen Zähneputzen beseitigt.

I☐ An einem Demonstrationsgebiss – soweit vorhanden – werden von den Kindern durch rote Aufklebpunkte die Stellen markiert, wo häufig Zahnbeläge auftreten. Auf Grund von Häufungen erkennen die Kinder als „kritische Stellen":
- die tiefen Rillen und Furchen (Fissuren) in den Kauflächen der kleinen und großen Backenzähne
- die Seitenflächen eng nebeneinander stehender Zähne
- die Zahnkronen im Bereich der Zahnfleischsäume. (Ggf. wird den Kindern mit Hilfe einer OH-Folie von Materialbogen 12.2 [1./2. Schuljahr, S. 42] veranschaulicht, wie Plaquebakterien, die an der Zahnoberfläche haften und den Zahnbelag bilden, in elektronenmikroskopischer Vergrößerung aussehen.)

I☐ An Hand ihrer Beobachtungen schlagen die Kinder vor, wie man Zähne putzen kann und demonstrieren ihre Verfahren – wenn vorhanden – mit Hilfe einer Demonstrationszahnbürste am Demonstrationsgebiss.

I☐ In Gruppen- oder Partnerarbeit setzen sich die Kinder mit Materialbogen 8 auseinander. Sie
- beschreiben und begründen die KAI-Putztechnik
- führen sie – soweit vorhanden – mit einer Demonstrationszahnbürste am Demonstrationsgebiss vor
- simulieren die Putztechnik nach KAI vor dem Mund mit der eigenen Zahnbürste und
- putzen sich schließlich mit fluoridierter Zahnpasta (z. B. im Waschraum) die Zähne.

4. BEZUG ZU ANDEREN BAUSTEINEN

Baustein 12: Was man im Mund nicht ohne weiteres sehen kann (1./2. Schuljahr) ... S. 39
Baustein 6: Wenn der Zahn aber ein Loch hat!? ... S. 60
Baustein 11: Ohne Süßes geht es nicht? ... S. 74
Baustein 16.2: Unser Zahnlabor: Was ist Sache mit dem Zahnbelag? ... S. 90

Alles KAI oder was?

„Zähne putzen braucht man nicht zu lernen!" sagen manche Kinder.
„Zähne putzen ist doch ganz einfach. Was braucht man denn schon dazu?
Eine Zahnbürste, Zahnpasta, einen Becher voll Wasser … und schon kann es losgehen: Mund mit Wasser ausspülen, Zahnbürste nass machen, Zahnpasta auf die Zahnbürste, Zahnbürste in den Mund, Zahnbürste an den Zähnen ein paar Mal kräftig hin und her bewegen, Zahnbürste aus dem Mund nehmen, Zahnpasta ausspucken, Mund mit Wasser ausspülen… und fertig ist man mit dem Zähne putzen. Das Ganze dauert nicht einmal eine Minute."
„So einfach ist das mit dem Zähne putzen aber nicht!", sagen andere Kinder. „Beim Zähne putzen muss man einiges genau beachten, damit das Gebiss **richtig** gereinigt wird. Am besten macht man es so, wie es hier auf den drei Abbildungen gezeigt wird."

So werden die Zähne richtig geputzt!

K 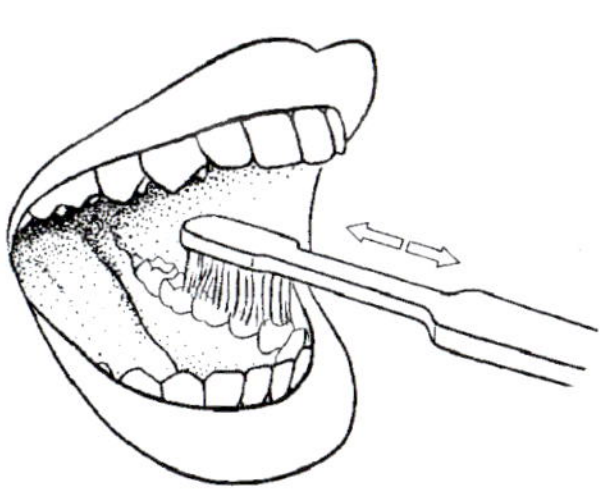	Zuerst … ______ ______
A 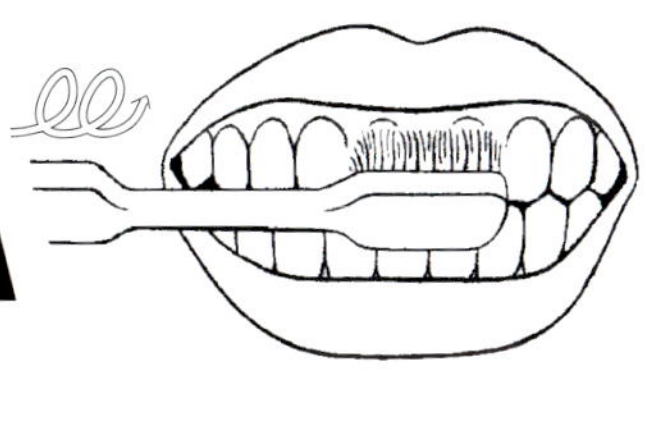	Dann… ______ ______
I 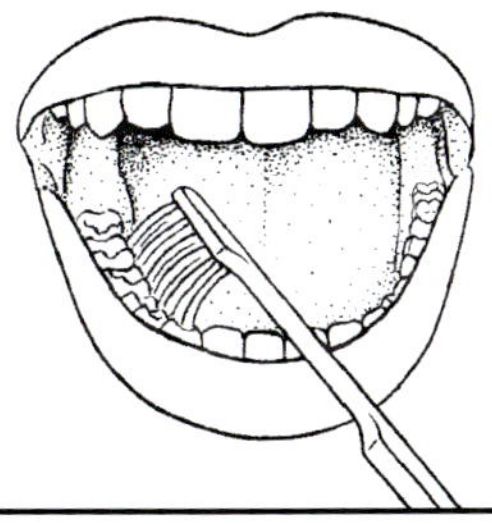	Schließlich… ______ ______

„Aber warum soll denn das so gemacht werden?", fragen manche Kinder.
Was würdest du ihnen antworten?

Welche Zahnpasta ist richtig für mich?

1. BEZUG ZU DEN THEMENBEREICHEN (3)

2. HINWEISE ZUM UMGANG MIT DEM MATERIALBOGEN 9

Der Materialbogen 9 nimmt das Thema „Zahnpasta" auf und regt die Kinder an,

- sich mit diesem Hilfsmittel der Gebisspflege auseinander zu setzen und
- Kriterien für die Auswahl ihrer Zahnpasta zu erarbeiten.

3. ANREGUNGEN FÜR DEN UNTERRICHT

- Gemeinsam wird mit den Kindern auf Zuruf an der Tafel ein Mesostichon zum Begriff Zahnpasta entwickelt, um die Funktion und Bedeutung dieses Hilfsmittels für die Gebisspflege sichtbar zu machen.

  Beispiel:

  Zahnbelag
  frischer **A**tem
  Nasc**H**en
  Zah**N**bürste
  Zähne **P**utzen
  K**A**ries
  Schöne Zähne
  Schmeckt**T** gut
  B**A**kterien

- Mit Hilfe des Materialbogen 9 wird untersucht, wie die Kinder zu „ihrer" Zahnpasta kommen und nach welchen (weiteren) Kriterien sie selbst Zahnpasta kaufen (würden).
- „Wisst ihr eigentlich, was in einer Zahnpasta enthalten ist?" Nach den spontanen Aussagen der Kinder zur Frage, die sich nicht selten auf Werbeaussagen beziehen, wird mit ihnen Folgendes verabredet: Wir untersuchen, was auf Zahnpastatuben/-verpackungen an Aufschriften zu finden ist.
- Mit den Kindern wird geklärt, was die vielen „unverständlichen Wörter", die sie zum „Inhalt einer Zahnpasta" gefunden haben, bedeuten: Eine Zahnpasta enthält z. B.: Putzkörper, Geschmacksstoffe, Farbstoffe, zuckerfreie Süßungsmittel. Am wichtigsten ist ein Stoff, der vor Karies schützt: das Fluorid.
- In diesem Zusammenhang kann ein Versuch von den Kindern durchgeführt werden, der die Wirkung von Fluorid als Mittel zum Schutz vor Karies veranschaulicht (s. Materialbogen 16.1, S. 88 f).

4. BEZUG ZU ANDEREN BAUSTEINEN

Baustein 5: Wenn die Zähne „sauer" werden ... S. 58
Baustein 8: Alles KAI oder was? S. 68
Baustein 11: Ohne Süßes geht es nicht? S. 74
Baustein 16.2: Unser Zahnlabor: Was ist Sache mit dem Zahnbelag? S. 90

Welche Zahnpasta ist richtig für mich?

Zum Zähne putzen braucht man als wichtigste Hilfsmittel: Zahnbürste und Zahnpasta.

Wenn man zum Beispiel in einen Supermarkt oder in eine Drogerie geht, kann man verschiedene Zahnpastasorten entdecken.

Aus welchen Gründen würdest du eine Zahnpasta kaufen?

- Ein Grund ist in der Tabelle schon genannt. Schreibe weitere Gründe auf! Kennzeichne die Gründe, die für dich sehr wichtig sind!

Meine Gründe	wichtig	unwichtig	ist mir egal
Der Geschmack der Zahnpasta ist …			

Wir führen ein Zahnpflege-Tagebuch

1. BEZUG ZUM THEMENBEREICH (3)

2. HINWEISE ZUM UMGANG MIT DEM MATERIALBOGEN 10

Der Materialbogen 10 will Kinder anregen, eigenes Verhalten und Handeln bewusst zu beobachten. Indem die Kinder ein „Zahnpflege-Tagebuch" führen, können sie daraus erkennen,

- wie regelmäßig sie ihr Gebiss pflegen und
- welche zuckerhaltigen Süßigkeiten und Getränke sie im Laufe eines Tages zu sich nehmen.

3. ANREGUNGEN FÜR DEN UNTERRICHT

- Die Kinder werden aufgefordert, in Gruppen „Richtige Regeln für die Gebisspflege" aufzuschreiben.
- Im Gesprächskreis stellen sich die Kinder ihre „Regeln" vor und diskutieren deren Anwendbarkeit. Beispiele:
  - Immer nach dem Frühstück putze ich mir die Zähne.
  - Wenn es möglich ist, putze ich mir nach dem Mittagessen die Zähne.
  - Nach dem Abendessen putze ich mir auf jeden Fall die Zähne. Danach esse ich nichts mehr und trinke auch keine zuckergesüßten Getränke.
- Die Kinder erhalten Materialbogen 10 und erörtern den Vorschlag für das „Zahnpflege-Tagebuch".
- Es wird verabredet, wann und wie das Tagebuch geführt wird.
- In Hausarbeit bearbeiten die Kinder ihr eigenes Tagebuch.
- Nach Ablauf der verabredeten Zeit (maximal eine Woche) besprechen die Kinder die Erfahrungen und Erkenntnisse, die sie bei der Tagebuch-Aktion gemacht haben.

  Im Plenum werden die Ergebnisse schließlich verallgemeinert, indem festgehalten wird,
  - worin die Schwierigkeiten bestanden und
  - welche Möglichkeiten es gibt, sie zu überwinden, z. B.: zuckerfreie Süßigkeiten verzehren!

4. BEZUG ZU ANDEREN BAUSTEINEN

Baustein 8: Alles KAI oder was? .... S. 68
Baustein 11: Ohne Süßes geht es nicht? .... S. 74
Baustein 16.2: Unser Zahnlabor: Was ist Sache mit dem Zahnbelag? .... S. 90

Wir führen ein Zahnpflege-Tagebuch

Wer gesunde Zähne hat, der hat gut lachen!
Aber gesunde Zähne gibt es nicht umsonst. Sie müssen Tag für Tag richtig gepflegt werden. Wer seine Zähne richtig pflegen will, putzt sie mindestens zweimal am Tag: Nach dem Frühstück und nach dem Abendbrot – und möglichst auch nach dem Mittagessen. Auf zuckerhaltige Süßigkeiten und Getränke sollte weitgehend verzichtet werden.

Am besten du überprüfst dies einmal zusammen mit den anderen Kindern in der Klasse. Dazu führt jedes Kind eine Woche lang ein „Zahnpflege-Tagebuch". Das ist ganz einfach und kann wie eine Tabelle aussehen. Hier siehst du ein Beispiel, wie ein Kind „sein Tagebuch" an einem Montag ausgefüllt hat:

Tageszeiten	morgens	vormittags	mittags	nachmittags	abends
Montag	*Marmelade* *x*	*Schokoriegel*	*Pudding* *x*	*Limo*	*Süßer Tee* *Ketchup* *x*

x = Zähne geputzt

In dein Tagebuch trägst du Tag für Tag ein,

- wann du deine Zähne geputzt hast und
- wann du welche zuckerhaltigen Süßigkeiten gegessen und/oder zuckerhaltigen Getränke zu dir genommen hast.

Am Ende der Woche wertest du dann deine Tabelle aus.

- Bist du zufrieden mit dir?
- Solltest du etwas ändern?

Ohne Süßes geht es nicht?

1. BEZUG ZU DEN THEMENBEREICHEN (2) (3)

2. HINWEISE ZUM UMGANG MIT DEM MATERIALBOGEN 11

Der Materialbogen 11 regt die Kinder an,

- sich mit ihrem Süßwarenkonsum auseinander zu setzen
- die Schädlichkeit von zuckerhaltigen Nahrungsmitteln für die Gebissgesundheit zu erörtern und
- in diesem Zusammenhang Regeln für die richtige Gebisspflege zu formulieren.

3. ANREGUNGEN FÜR DEN UNTERRICHT

- Die Kinder werden aufgefordert, zunächst ihre drei „liebsten Süßwaren" auf je eine Wortkarte aufzuschreiben/zu zeichnen. Sie sprechen dann in der Gruppe darüber.

- Gemeinsam wird mit Hilfe der Wortkarten eine (Tafel-)Übersicht erstellt, die die Süßwaren nach selbst gefundenen Merkmalen unterscheidet und Häufigkeiten sichtbar macht. Solche Merkmale sind z. B.: Schokolade – Kekse – Gummibärchen – Eis – süße Getränke …
  Die Übersicht kann dann von den Kindern veranschaulicht und zu einem Plakat/einer Wandzeitung/ einer Collage ausgestaltet werden. Dazu werden Verpackungen/Etiketten von zuckerhaltigen Süßwaren und Getränken von zu Hause mitgebracht und auf Packpapier aufgeklebt.

- Die „Süßwaren-Hitparade" der Klasse wird kritisch betrachtet, indem die Lehrkraft die Kinder darüber informiert, dass Zucker schädlich für die Zähne ist. Diese Information erfolgt in sachlicher Form, z. B. mit Hilfe einer OH-Folie der Abbildungen von Materialbogen 12.2 (S. 79). Frage an die Kinder: „Sollte man wegen Karies auf Süßes verzichten"?

- Die Klasse erörtert die Frage, und die wichtigsten Aussagen dazu werden protokolliert. Gegenteilige Meinungen werden am besten in einem Pro-/Kontra-Gespräch erörtert.

- Was eine Zahnärztin zu diesem Thema meint, wird mit Hilfe des Materialbogens 11 besprochen. Zunächst wird auf die Angaben zu beliebten zuckergesüßten Nahrungsmitteln eingegangen. Anschließend wird besonders auf den Aspekt „Verzehr von Süßwaren" hingewiesen, die mit Zuckeraustausch- und/oder Zuckerersatzstoffen gesüßt sind. In diesem Zusammenhang kann „getestet" werden, wie süß zuckerfreier Kaugummi schmeckt.

- Dazu erhalten Kleingruppen vier unverpackte (nummerierte) Kostproben Kaugummi. Eine der Kostproben ist zuckerfrei. Frage an die Kinder: „Welcher Kaugummi ist zuckerfrei?" Die Kinder kosten die Kaugummis und stellen fest, dass sie die Frage nicht eindeutig beantworten können. Danach wird die Nummer des zuckerfreien Kaugummis bekannt gegeben, und abschließend werden die Zähne nach der KAI-Putztechnik gepflegt (s. Baustein 8, S. 68 f).

Die Arbeitsergebnisse zu Baustein 11 werden durch Merksätze festgehalten. Sprüche von Kindern dazu:
- *Zahnfreundliche Süßigkeiten naschen. Die erkennt man am „Zahnmännchen mit Schirm".*
- *Zuckerhaltige Süßigkeiten nur ab und zu naschen.*
- *Nach dem Naschen gleich die Zähne putzen!*

- Danach können die Kinder Miniprojekte planen und durchführen. Beispiele:

1. Wir führen ein Zahnpflege-Tagebuch (s. Baustein 10, S. 72 f).

2. Wir informieren uns über Zuckeraustausch- und Zuckerersatzstoffe.

3. Wir erkunden, wo es Süßigkeiten gibt, die „zuckerfrei" sind.

4. Wir erkunden, welche Süßwaren „das Zahnmännchen mit Schirm" zeigen.

Ohne Süßes geht es nicht?

Über den ***Zuckergehalt*** von Nahrungsmitteln, die besonders häufig von Kindern und Jugendlichen konsumiert werden, findet man detaillierte Angaben in der umfangreichen „Zuckerliste" (4. erweiterte und überarbeitete Auflage, herausgegeben von der Landesarbeitsgemeinschaft Jugendzahnpflege Hessen und der Deutschen Gesellschaft für Ernährung e. V. – Sektion Hessen, Stand September 2000). Bewusst wird hier auf die Nennung bestimmter Produkte und ihres ermittelten Zuckergehalts verzichtet. Die Werte des Zuckergehalts von Nahrungsmitteln, die in der folgenden Zusammenstellung wiedergegeben werden, stellen daraus abgeleitete ungefähre Mengen dar. Zu besseren Veranschaulichung wird ihr Zuckergehalt zusätzlich in Würfelzuckerstücken angegeben (1 Stück Würfelzucker = 3 g).

Nahrungsmittel	Packungsgröße in g	Zuckergehalt in der Packung in g (ca.)	Entspricht Stücke Würfelzucker (1 Stück = 3 g)
süßer Brotaufstrich	400	210	70
Flakes	375	150	50
Müsli mit Schoko	375	90	30
Milchmixgetränk mit Vanille (Becher)	250	24	8
Schokomilch (Becher)	200	27	9
Schokoladenpudding (Becher)	150	18	6
Cola-Getränk – 1,5-l-Flasche – Dose	 1500 330	 156 36	 52 12
Limonade mit Fruchtsäften – 0,75-l-Flasche	750	90	30
Schokolade (Tafel)	100	48	16
Karamell-Bonbon	150	120	40
Lakritze (kleine Tüte)	75	42	14
Kaugummi (1 Stück)	3	2,4	fast 1
Ketchup	500	111	37

4. BEZUG ZU ANDEREN BAUSTEINEN

Baustein 5: Wenn die Zähne „sauer" werden .... S. 58
Baustein 10: Wir führen ein Zahnpflege-Tagebuch .... S. 72
Baustein 12: Wenn etwas „faul" am Zahn ist .... S. 77

Ohne Süßes geht es nicht?

Viele Kinder wissen, dass „süße Sachen" nicht gut für die Zähne sind, vor allem wenn sie weich und klebrig sind:

Zuckerhaltige Nahrungsmittel wie Brotaufstrich, Schokolade, Lakritze, Kekse, Colagetränke oder Limonaden machen den Zähnen zu schaffen. Der Zucker wird nämlich im Mund von Bakterien zu Säure umgewandelt. Diese Säure kann den Zahnschmelz angreifen und mit der Zeit ein Loch im Zahn verursachen.

Was eine Zahnärztin dazu sagt:

Also, Süßigkeiten sind nicht verboten. Aber…

Süßigkeiten sind nicht gut für die Zähne, wenn sie Zucker enthalten.

Zum Beispiel kann süßer Brotaufstrich in einem 400-g-Glas etwa 210 g Zucker enthalten. Das sind gut 70 Stücke Würfelzucker. In einer Cola-Dose sind etwa 12 Stücke Würfelzucker enthalten. Und in einer kleinen 75-g-Lakritztüte stecken ungefähr 42 g Zucker drin. Das sind etwa 14 Zuckerstücke.
Es gibt viele Süßigkeiten, die süß schmeckende Stoffe enthalten und zahnfreundlich sind, wie z. B. viele Kaugummisorten. Diese Süßigkeiten enthalten keinen Zucker und können im Mund von Bakterien nicht zu Säure umgewandelt werden.

Man kann sich also Süßes gönnen, das nicht gefährlich für die Zähne ist…

Wenn etwas „faul" am Zahn ist

1. BEZUG ZU DEN THEMENBEREICHEN (2) (3) (4)

2. HINWEISE ZUM UMGANG MIT DEN MATERIALBÖGEN 12.1 UND 12.2

Der Materialbogen 12.1 zeigt den Schnitt durch einen Backenzahn. Der Materialbogen 12.2 veranschaulicht mit Hilfe dreier Abbildungen die fortschreitende Zerstörung eines Zahnes durch Karies. Indem die Kinder versuchen, diesen Prozess in einen Sinn- und Sachzusammenhang zu bringen, können sie

- sich Sachinformationen aneignen
- den Nutzen richtiger Gebisspflege erkennen
- die Notwendigkeit zahnmedizinischer Vorsorgeuntersuchungen einsehen und gegebenenfalls Behandlungen vornehmen lassen.

3. ANREGUNGEN FÜR DEN UNTERRICHT

- Man kann den Unterricht mit Hilfe des Baustein 6 „Wenn der Zahn aber ein Loch hat!?" beginnen (s. S. 60 f), oder man kann einen Einstieg mittels der pantomimischen Darstellung eines Menschen mit Zahnschmerzen wählen, wie es im Baustein 7 „Vom Zahnreißer zum Zahnarzt" (s. S. 62 ff) vorgeschlagen wird.

- Den Kindern wird mit Hilfe einer OH-Folie der „Schnitt durch einen Backenzahn" (Materialbogen 12.1) gezeigt. Gemeinsam werden wesentliche Strukturen des Zahns, wie z.B.: Zahnschmelz – Zahnbein – Zahnmark, auf der OH-Folie bezeichnet.

  Dem Vorwissen der Kinder entsprechend bietet sich auch folgende Alternative an:
  Die Abbildung wird von der Lehrkraft zu „Puzzleteilen" zerschnitten. Die Einzelteile werden auf einen DIN-A4-Bogen geklebt und den Kindern in vervielfältigter Form als „Zahnpuzzle" angeboten. Ob das Puzzle richtig zusammengesetzt und bezeichnet wurde, wird mit Hilfe der OH-Folie überprüft.

- Die Kinder erhalten Materialbogen 12.2 und versuchen, die „Geschichte des kranken Zahns" in Partnerarbeit zu beschreiben. Dabei können sie entsprechendes Vorwissen anwenden. Im Vordergrund steht die Aussage: Säuren greifen Zähne an.

- Im Plenum werden die „Zahngeschichten" vorgestellt. Gemeinsam wird ein Text zur Entstehung und zum Verlauf der Karies erarbeitet.

- Der erarbeitete Text wird für die Herstellung einer Schautafel (möglicher Titel: „Wie ein Zahn krank wird") genutzt.

4. BEZUG ZU ANDEREN BAUSTEINEN

Baustein 5: Wenn die Zähne „sauer" werden .... S. 58
Baustein 6: Wenn der Zahn aber ein Loch hat!? .... S. 60
Baustein 7: Vom Zahnreißer zum Zahnarzt .... S. 62
Baustein 16.1: Unser Zahnlabor: Schützt Fluorid die Zähne? .... S. 87

Wenn etwas „faul" am Zahn ist

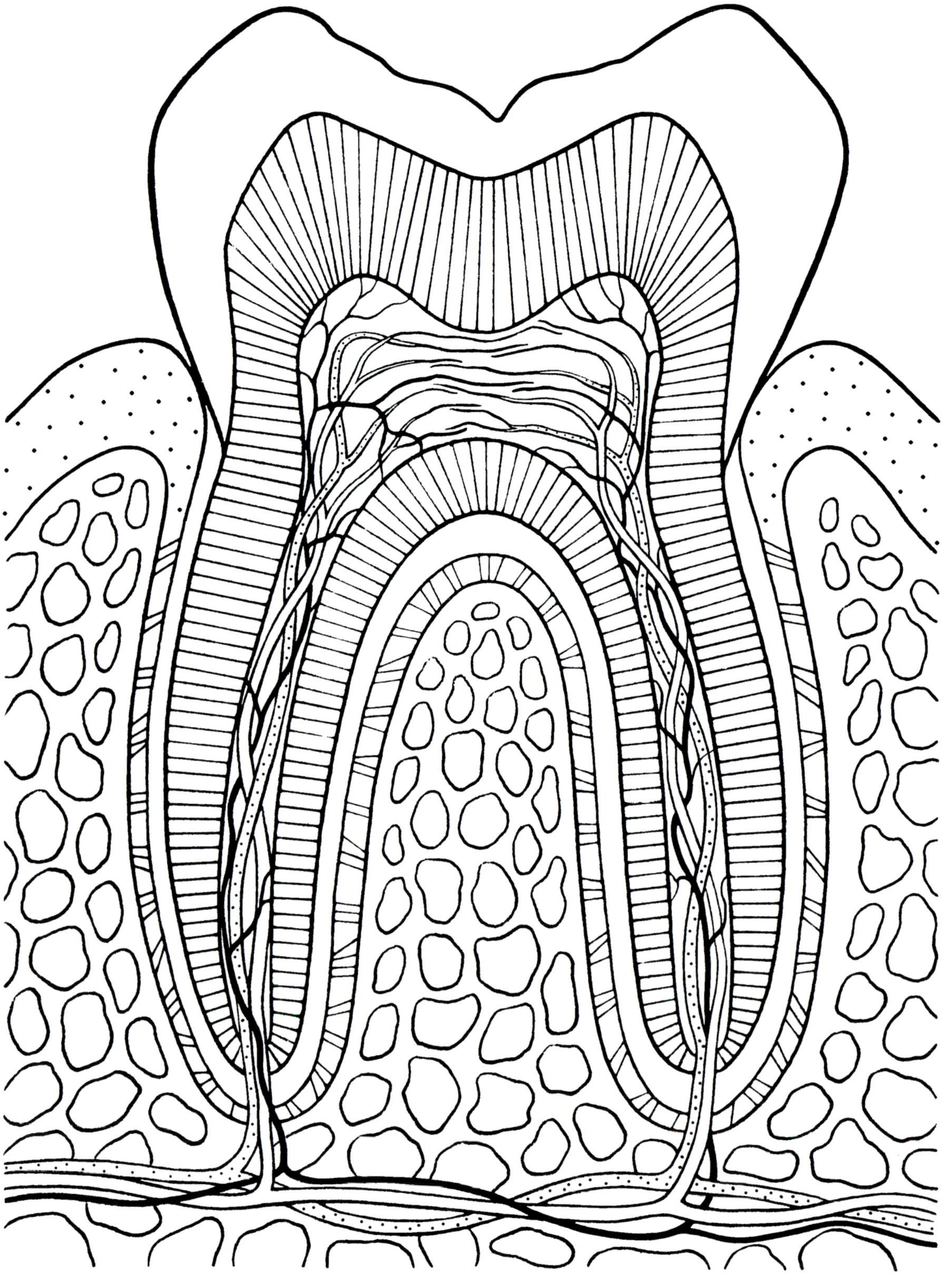

Wenn etwas „faul" am Zahn ist

Wer seine Zähne nicht richtig pflegt, der wird dies bestimmt eines Tages spüren:
Er bekommt Zahnschmerzen!

Zahnschmerzen kommen meist nicht von heute auf morgen.
Dahinter steckt eine längere Geschichte.

Die folgenden Abbildungen zeigen dir die „Geschichte von einem kranken Zahn".
Die Krankheit dieses Zahns heißt Karies. Das Wort kommt aus dem Lateinischen und bedeutet: „morsch sein".

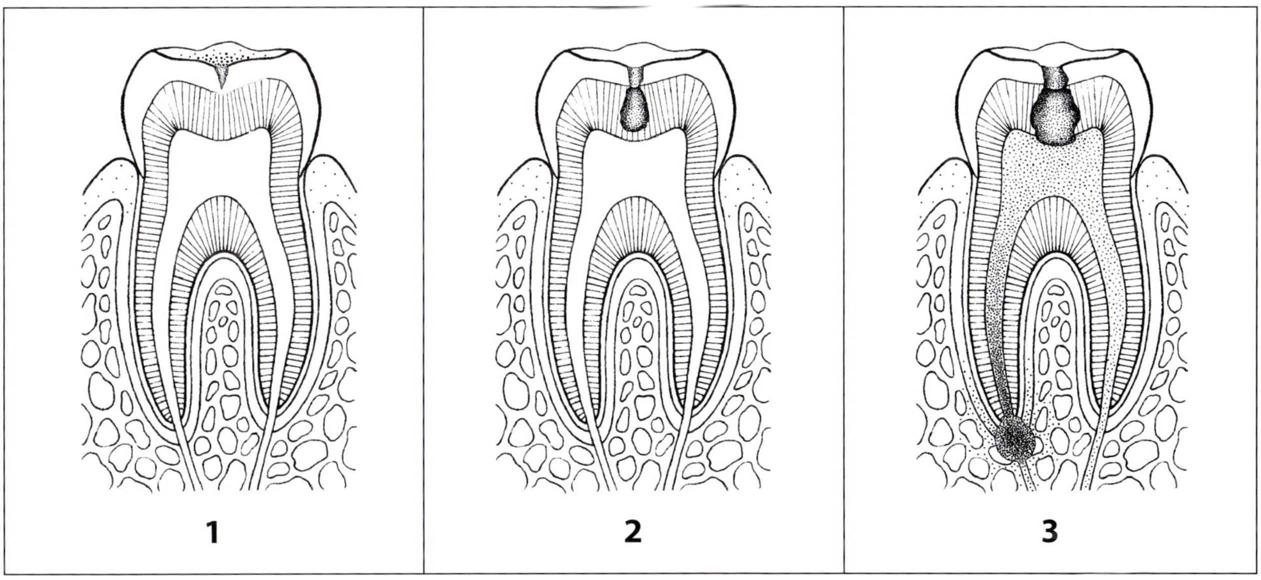

Erzähle die „Geschichte vom kranken Zahn"! Benutze dabei folgende Wörter:
Bakterien – Säure – Zahnschmelz – Zahnbein – Zahnmark

Wir interviewen eine Zahnärztin oder einen Zahnarzt

1. BEZUG ZUM THEMENBEREICH (4)

2. HINWEISE ZUM UMGANG MIT DEM MATERIALBOGEN 13

Der Materialbogen 13 nimmt das Thema „Besuch in der zahnärztlichen Praxis" auf. Dabei wird besonders auf den Aspekt „Angst vor der zahnärztlichen Behandlung" eingegangen. Indem die Kinder in diesem Zusammenhang die gezielte Befragung einer Zahnärztin/eines Zahnarztes vorbereiten, durchführen und auswerten, können sie

- sich indirekt mit eigenen Ängsten auseinander setzen
- Handlungsmöglichkeiten entdecken, um mit Ängsten konstruktiv umzugehen
- Erlebnisse über Zahnbehandlungen aller Art mitteilen
- sich über den Beruf der Zahnärztin/des Zahnarztes informieren und
- Interviewtechniken kennen lernen und anwenden.

3. ANREGUNGEN FÜR DEN UNTERRICHT

- Man kann den Unterricht mit Hilfe des Baustein 6 „Wenn der Zahn aber ein Loch hat!?" (S. 60 f) beginnen. Man kann auch einen Einstieg über den Baustein 7 „Vom Zahnreißer zum Zahnarzt" (S. 62 f) wählen.
- Danach schreibt jedes Kind auf eine Wortkarte in einem Satz auf, woran es bei den Wörtern „Zahnärztin/Zahnarzt" denkt. Der Satz beginnt mit den Worten: „Wenn ich an die Zahnärztin/den Zahnarzt denke, dann ..."
- Die Kinder tauschen sich anschließend mit einem Partner/in der Gruppe über ihre „Gedanken" aus.
- Alle Wortkarten werden an die Tafel geheftet. Im Plenum wird festgestellt, worin sich „die Gedanken" ähnlich sind oder unterscheiden. Die Wortkarten werden dann nach den Kategorien „gute oder schlechte Erlebnisse" geordnet.
- Abschließend werden Handlungsmöglichkeiten von den Kindern genannt, wie man mit seinen Ängsten und Befürchtungen umgehen kann. Beispiele: „Mit den Eltern darüber sprechen!" – „Sich sagen, dass man Schmerzen aushalten kann." – „Sich erzählen lassen, was die Zahnärztin/der Zahnarzt gegen Schmerzen tut." – „Sich vorstellen, wie gut es einem nach der Behandlung geht." ...
- Die Kinder erhalten Materialbogen 13, setzen sich zunächst in Einzelarbeit schriftlich mit der Leitfrage „Was kann man diesem Kind raten?" auseinander und stellen danach in Kleingruppen Interviewfragen zusammen.
- Im Plenum werden die Interviewfragen gesammelt und im Hinblick auf ihre „Ergiebigkeit" untersucht. Dies wird am besten in Form von Probeinterviews mit Kassettenrekordern durchgeführt. Beispiel: Warum erhält man auf geschlossene Fragen (z. B. Kommen Kinder in Ihre Praxis?) nicht so ausführliche Antworten wie auf offene Fragen (z. B. Weshalb kommen Kinder zu Ihnen in die Praxis?).
- Gemeinsam wird ein Fragenkatalog zusammengestellt. Dabei sollte die Kernfrage sein: Wie geht die Zahnärztin/der Zahnarzt mit einem Kind um, das Angst hat?
- Schließlich wird mit Hilfe der Lehrkraft ein Interview mit einer Zahnärztin oder einem Zahnarzt organisiert, sei es, dass eine Zahnärztin/ein Zahnarzt die Kinder in der Klasse besucht oder eine Kindergruppe eine zahnärztliche Praxis aufsucht. Das jeweilige Interview kann dabei mit Kassettenrekorder, Kleinbild-, Sofortbild-, Videokamera dokumentiert werden.

Beispiel für einen Fragenkatalog:

- Warum sind Sie Zahnärztin geworden?
- Wie lange dauerte Ihre Ausbildung?
- Was müssen Sie alles können?
- Wie viel Geld verdienen Sie?
- Wie entstehen Zähne?
- Warum haben Babys bei der Geburt noch keine Zähne?
- Wie funktioniert eine Zahnspange?
- Was machen Sie, wenn Sie merken, dass Kinder Angst vor der Behandlung haben?

4. BEZUG ZU ANDEREN BAUSTEINEN

Baustein 6: Wenn der Zahn aber ein Loch hat!? .... S. 60
Baustein 7: Vom Zahnreißer zum Zahnarzt .... S. 62

Wir interviewen eine Zahnärztin oder einen Zahnarzt

Die meisten Kinder kennen Zahnärztinnen oder Zahnärzte, zum Beispiel die Jugendzahnärztin, die in die Schule kommt. Viele Kinder besuchen zweimal im Jahr mit Mutter oder Vater eine zahnärztliche Praxis und lassen untersuchen, ob ihre Zähne in Ordnung sind oder behandelt werden müssen. Für die meisten Kinder ist der Besuch beim Zahnarzt oder der Zahnärztin auch nichts Besonderes, weil sie regelmäßig zur Vorsorge gehen. Sie erfahren dabei: Die Zahnärztin oder der Zahnarzt zeigen und erklären ihnen immer genau, was sie bei einer Untersuchung oder Behandlung machen.

Manches Kind geht trotzdem nicht gern in die zahnärztliche Praxis: Es hat Angst vor der Behandlung. Was kann man diesem Kind raten?
Dazu haben Mädchen und Jungen einer vierten Klasse einen Vorschlag gemacht:
„Ich gehe zusammen mit einem Freund oder Freundin zu einer Zahnärztin oder einem Zahnarzt und befrage sie genau über ihre Arbeit! Wenn ich besser Bescheid weiß, werde ich in Zukunft bestimmt nicht mehr so viel Angst haben!"

Welche Fragen würdest du der Zahnärztin noch stellen?

Wir werben für ein gesundes Gebiss!

1. BEZUG ZU DEN THEMENBEREICHEN (1) (3)

2. HINWEISE ZUM UMGANG MIT DEN MATERIALBÖGEN 14.1 UND 14.2

Die Materialbögen 14.1 und 14.2 sollen die Kinder anregen, im Kontext einer „Werbeaktion" (Projekt) für Gebissgesundheit, ihre Kenntnisse und Erfahrungen in Handeln umzusetzen. Im Rahmen entsprechender Aktivitäten können sie

- ihre Auseinandersetzung mit der Thematik anschaulich präsentieren
- darstellen, welche thematischen Aspekte ihnen wichtig sind
- Ansatzpunkte für das Gespräch mit anderen Kindern, mit Eltern und Lehrpersonen schaffen
- Ausdrucksformen der Werbung sinnvoll für eigene Absichten nutzen
- mit verschiedenen Medien praktisch arbeiten und sich auf funktionale Weise erschließen, was Werbung bedeutet: Appellieren – informieren – Meinungen bilden.

3. ANREGUNGEN FÜR DEN UNTERRICHT

Die Werbeaktion für Gebissgesundheit könnte den Abschluss einer Unterrichtsreihe bilden. Dabei werden Teilthemen, die von den Kindern bearbeitet wurden, in einen Zusammenhang gebracht. Beispielsweise lassen sich Wandzeitungen, Übersichten und Plakate so zusammenstellen, dass sie die Grundlage für die Gestaltung und den Aufbau einer „Werbeecke" für gesundheitliches Verhalten im Schulgebäude bilden können. Diese „Werbeecke" wird dann von Kindern um weitere Elemente angereichert, etwa durch ein tägliches „Quiz", durch Präsentation der Musik-CD „Zahnhits", durch selbst produzierte Lieder/Werbespots oder durch Gewinnspiele.

Die Werbeaktion kann aber umgekehrt auch Ausgangspunkt für ein Unterrichtsprojekt sein. Dabei werden Ziele und Inhalte des Vorhabens gemeinsam mit den Kindern bestimmt und im Hinblick auf eine bestimmte Werbeform bearbeitet. Was muss zum Beispiel beachtet werden, wenn man Werbespots für das „Pausenradio" produzieren will? Ideal wäre es, wenn solch ein Vorhaben in eine „Gesundheitswoche" der Schule (Projektwoche) integriert werden könnte.

- Der Einstieg in das Vorhaben erfolgt am besten mit Hilfe des Materialbogen 14.1, der per OH-Folie gezeigt wird.

- Bei der Besprechung des Cartoons wird geklärt, ob und wie man für ein gesundes Gebiss werben will. Dabei werden folgende Aspekte angesprochen:
  - Was können die Ziele unserer Aktion sein? (Appellieren, Informieren, Meinungen bilden?)
  - Wie erreichen wir diese Ziele am besten? (Abschrecken, Aufklären, Verfremden/Unterhalten?)

- „Wie und womit wollen wir werben?" Um diese Fragen mit den Kindern zu klären, wird der Materialbogen 14.2 genutzt. Die Kinder kommen dazu in Gruppen zusammen und diskutieren zunächst das Für und Wider bestimmter Werbeformen.

- Im Plenum stellen die Gruppen ihre Vorschläge dar, und gemeinsam wird entschieden, welche Werbeform(en) man für geeignet hält.

- Die Entscheidungen der Kinder bestimmen im Wesentlichen den weiteren Verlauf der Werbeaktion. Wie differenziert und umfangreich solch eine Aktion sein kann, hängt sicherlich auch von der Ausgangssituation einer Gruppe ab. Für „Anfänger" empfiehlt es sich, kleinere und überschaubare Vorhaben zu realisieren, wie beispielsweise Preisausschreiben oder Plakatwerbung.

4. BEZUG ZU EINEM ANDEREN BAUSTEIN

Baustein 15: Wir richten ein Zahnmuseum ein .... S. 85
Musik-CD: „Zahnhits" (herausgegeben vom Verein für Zahnhygiene e.V.)

Wir werben für ein gesundes Gebiss!

Man denkt: „Jedes Kind weiß heute, wie wichtig gesunde Zähne sind!"
Aber manche Kinder, die das wissen, behandeln ihre Zähne trotzdem nicht richtig. Dass sie etwas falsch gemacht haben, merken sie meist erst dann, wenn sie eines Tages Zahnschmerzen bekommen und zur Zahnärztin oder zum Zahnarzt gehen müssen.

Wie kann man Kinder überzeugen, dass sie ihr Gebiss Tag für Tag gut pflegen?
Was hältst du zum Beispiel davon, in deiner Schule für ein gesundes Gebiss zu werben?

____

____

____

Ein Werbeunternehmen für ein gesundes Gebiss – wie könnte es aussehen?

Geworben wird vielleicht mit …

Geworben wird vielleicht…

- mit einer Werbeseite im Internet
- mit ______________________
- mit ______________________

Sprich in deiner Klasse darüber,

- was man machen könnte und
- wie man es machen sollte.

Wir richten ein Zahnmuseum ein

1. BEZUG ZU DEN THEMENBEREICHEN (1) (2) (3) (4)

2. HINWEISE ZUM UMGANG MIT DEM MATERIALBOGEN 15

Der Materialbogen 15 regt die Kinder an, ihre Lernerfahrungen in Rahmen einer spielerischen Aktion (Projekt) zu dokumentieren und/oder zusammen zu fassen. Indem sie in der Klasse ein „Zahnmuseum" einrichten, können sie

- ihre eigene „Lerngeschichte" sichtbar machen
- sich produktiv mit persönlichen Erlebnissen und Erfahrungen auseinander setzen
- ein Sachthema mit Witz und Humor bearbeiten und der Schulöffentlichkeit präsentieren.

3. ANREGUNGEN FÜR DEN UNTERRICHT

Es empfiehlt sich, das „Zahnmuseum" Schritt für Schritt aufzubauen. Das heißt, mehrere Wochen lang werden von den Kindern arbeitsteilig/arbeitsgleich für bestimmte „Abteilungen des Museums" Ausstellungsstücke gesammelt, beschriftet und präsentiert. Es bietet sich an, das Vorhaben mit der Werbeaktion für ein gesundes Gebiss (Baustein 14, S. 82 f) zu kombinieren.

- Zu Beginn des Unterrichts wird den Kindern der Cartoon: „Unser Zahnmuseum" gezeigt. Nach den spontanen Kommentaren der Kinder wird untersucht,
  - was „dieses Museum" zu bieten hat und
  - wie es sich von einem „richtigen" Museum unterscheidet.

- Die Kinder erhalten Materialbogen 15 und diskutieren in Partnerarbeit die beiden Leitfragen.

- Im Plenum werden die Partnergespräche ausgewertet, indem festgestellt wird,
  - ob man ein solches Museum einrichten will
  - welchen Nutzen es haben könnte und
  - wie man es einrichten will.

  In diesem Zusammenhang werden Vorschläge der Kinder diskutiert, z. B.:
  - Tierzähne ausstellen
  - ausgeliehene Untersuchungs- und Behandlungsinstrumente der Zahnärztin/des Zahnarztes zeigen
  - Collagen aus Zahnpasta-Verpackungen oder Verpackungen zahnfreundlicher Süßwaren herstellen
  - Witze und Cartoons zum Thema „Rund um die Zähne" präsentieren
  - ......

- Anschließend wird mit den Kindern der Arbeitsplan für den Aufbau und die Einrichtung des „Zahnmuseums" verabredet. Dabei werden vor allem folgende Fragen geklärt:
  - Welche „Abteilungen" soll das Museum haben?
  - Wer ist für welche „Abteilung" zuständig?
  - Wer sammelt was?
  - Wo wollen wir das Museum einrichten?
  - Wo lagern wir die Ausstellungsstücke?
  - Welche Materialien brauchen wir für die Einrichtungsarbeiten, zum Beispiel: Stellwände, Packpapier, Tonpapier, Filzschreiber, Klebstoff …?
  - Wer kann uns bei den Arbeiten unterstützen?
  - Wie viel Zeit brauchen wir für unsere Arbeit?

- Entsprechend ihrem Arbeitsplan, der in der Klasse veröffentlicht wird, richten die Kinder sukzessive ihr Zahnmuseum ein.

- Einladungskarten zur Museumseröffnung werden geschrieben. Die Ausstellung wird „feierlich" eröffnet.

4. BEZUG ZU ANDEREN BAUSTEINEN

Baustein 7: Vom Zahnreißer zum Zahnarzt .... S. 62
Baustein 14: Wir werben für ein gesundes Gebiss! .... S. 82

Wir richten ein Zahnmuseum ein

Die meisten Kinder waren schon in einem Museum und wissen, was das ist: ein Gebäude, in dem Dinge gesammelt und ausgestellt werden. Zum Beispiel: Bilder von berühmten Malern, Gegenstände aus vergangenen Zeiten oder kostbare Schätze, die man bei Ausgrabungen gefunden hat.

Was haltet ihr davon, in eurer Klasse ein kleines „Zahnmuseum" einzurichten? Hier seht ihr ein Bild, das euch zeigt, was man in solch einem Museum ausstellen könnte!

- Wie gefällt euch dieses „Zahnmuseum"?
- Ist die Sammlung schon vollständig oder wisst ihr noch von anderen Dingen, die ihr ausstellen könntet?

Unser Zahnlabor: Schützt Fluorid die Zähne?

1. BEZUG ZUM THEMENBEREICH (3)

2. HINWEISE ZUM UMGANG MIT DEM MATERIALBOGEN 16.1

Der Materialbogen 16.1 bietet den Kindern einen Versuch an,

- der ihnen mit Hilfe einer Analogie veranschaulicht, dass Fluorid den Zahnschmelz härtet und vor Säureangriffen schützt.

Der eindrucksvolle Versuch kann im Prinzip in verschiedene Unterrichtszusammenhänge integriert werden. Zum Beispiel lässt er sich zur Veranschaulichung der „Säureangriffe auf die Zähne" auch mit Baustein 5 „Wenn die Zähne ‚sauer' werden" (S. 58 ff), mit Baustein 6 „Wenn der Zahn aber ein Loch hat!?" (S. 60 f), mit Baustein 9 „Welche Zahnpasta ist richtig für mich?" (S. 70 f) und mit Baustein 12 „Wenn etwas ‚faul' am Zahn ist" (S. 77 f) kombinieren.

3. ANREGUNGEN FÜR DEN UNTERRICHT

- Die Kinder untersuchen Zahnpasta-Werbung und entdecken die Hinweise auf Schutz vor Karies durch Fluorid. (Von Zeit zu Zeit wird im Werbefernsehen ein Spot zum so genannten „Eischalen-Versuch" ausgestrahlt. Dieser Spot könnte Anlass dafür sein, dass man gemeinsam mit den Kindern der Frage nachgeht, ob das Werbeversprechen stimmt.)

- Der Versuch wird in der Klasse im Unterricht von der Lehrkraft durchgeführt. Die beiden Beobachtungsaufgaben werden schriftlich beantwortet.

  Zu Aufgabe 1:
  Innerhalb kurzer Zeit bilden sich Bläschen auf der unbehandelten Oberfläche der Eischale. Auf der behandelten Oberfläche bleibt die Bläschenbildung aus.

  Zu Aufgabe 2:
  Nach etwa 24 Stunden ist die unbehandelte Oberfläche weich und gibt nach, wenn man sie mit der Bleistiftspitze berührt. Die mit Fluorid behandelte Oberfläche bleibt fest.

- Die Auswertung des Versuchs wird mit den Kindern durchgeführt. Die Übertragbarkeit auf Vorgänge an den Zähnen wird erarbeitet: Das Fluorid hat die Eischale überzogen und hat sie vor der Essigsäure geschützt. So ähnlich wie im Versuch schützt Fluorid den Zahnschmelz!
  Für uns ist klar:
  - Wir putzen die Zähne immer mit Zahnpasta, die Fluorid enthält.
  - Fluorid schützt den Zahnschmelz und trägt mit dazu bei, dass man keine Karies bekommt.

- Zum Abschluss können die Kinder ihre Lernerfahrungen auch zu einem „Zahnputz Rap" verarbeiten. Beispiel nach Musik-CD „Zahnhits", Index-Nr. 03 „Wir sind der Chor der weißen Zähne":

Refrain: Hey, schaut mich an, ich bin der Mann,
der sich nicht die Zähne putzen kann.

1. Früher fand ich Zähneputzen dumm,
wo es ging, drückte ich mich drum herum.

Refrain: Hey…

2. Doch seit dem Versuch weiß ich genau,
Zähneputzen das ist schlau.

Refrain: Hey…

3. Sonst geht's den Zähnen wie dem Ei.
Am Ende sind sie nur noch Brei!

Refrain: Hey, schaut mich an, ich bin der Mann,
der sich nun die Zähne putzen kann.

4. BEZUG ZU ANDEREN BAUSTEINEN

Baustein 5: Wenn die Zähne „sauer" werden .... S. 58
Baustein 6: Wenn der Zahn aber ein Loch hat!? .... S. 60
Baustein 9: Welche Zahnpasta ist richtig für mich? .... S. 70
Baustein 12: Wenn etwas „faul" am Zahn ist .... S. 77

Unser Zahnlabor: Schützt Fluorid die Zähne?

Wenn man sich genau anschaut, was auf einer Zahnpastatube aufgedruckt ist, findet man sehr oft klein gedruckte Texte. Sie lauten zum Beispiel: „Kariesschutz durch Fluorid" oder „Enthält Fluorid für wirksamen Schutz vor Karies".

Fluorid ist ein Stoff, der im menschlichen Körper am Aufbau von Knochen und Zähnen beteiligt ist. Nicht immer nehmen wir die genügende Menge Fluorid auf, um unsere Zähne zu schützen. Deshalb sorgen wir für einen Ausgleich und putzen die Zähne mit Zahnpasta, die Fluorid enthält.

Dass Fluorid die Zähne schützt, kann auch durch einen Versuch gezeigt werden. Hier ist zu sehen, was wir für diesen Versuch brauchen:

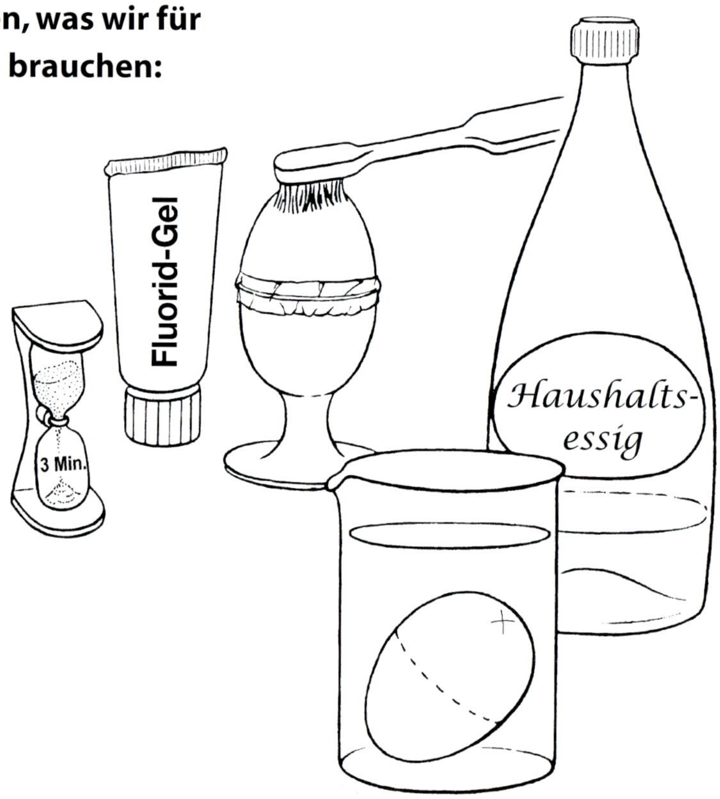

- Ein gekochtes Ei: Die Eischale soll für den Zahnschmelz stehen.
- Haushaltsessig (klar): Er soll die Säure darstellen, die Bakterien des Zahnbelags bilden können.
- Eine Tube Fluorid-Gel: Das Gel soll die Eischale vor dem Säureangriff schützen.
- Ferner: einen Eierbecher mit Stiel, eine Zahnbürste, ein Becherglas (150 ml), eine Rolle durchsichtiges Klebeband, einen spitzen Bleistift.

Unser Zahnlabor: Schützt Fluorid die Zähne?

Und so wird der Versuch vorbereitet und durchgeführt:

1. Das Ei wird in den Eierbecher gestellt und rings um den Becherrand mit dem Klebeband sorgfältig festgeklebt.
2. In die obere Eierhälfte wird nun drei Minuten lang das Fluorid-Gel eingebürstet. ***Wichtig:*** Für den Versuch nur Fluorid-Gel verwenden*!
3. Das Becherglas wird zu drei Vierteln mit einer 1:1 Wasser-/Essiglösung gefüllt. In diese Lösung wird das Ei gelegt.

Aufgabe 1:
Was kannst du in den folgenden 30 Minuten beobachten? Notiere es und zeichne es in die Abbildung ein!

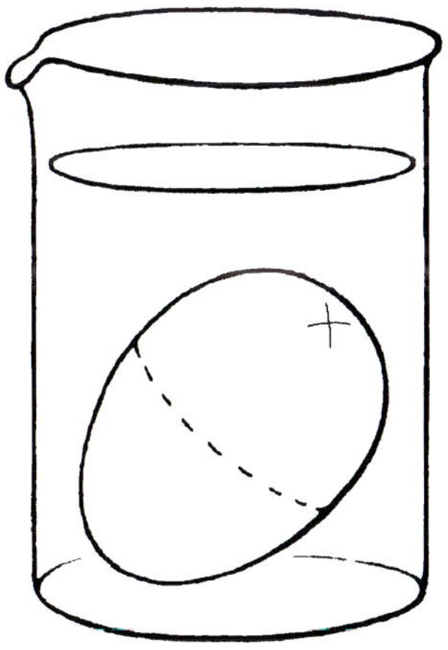

____

____

____

____

4. Das Ei 24 Stunden lang in der Lösung liegen lassen.
5. Das Ei am nächsten Tag aus der Lösung nehmen und unter Wasser gründlich abspülen.

Aufgabe 2:
Prüfe anschließend die Härte der beiden Eihälften vorsichtig (!) mit einem spitzen Bleistift. Was kannst du feststellen?

____

____

* mit Aminfluorid

Unser Zahnlabor: Was ist Sache mit dem Zahnbelag?

1. BEZUG ZUM THEMENBEREICH (3)

2. HINWEISE ZUM UMGANG MIT DEM MATERIALBOGEN 16.2

Der Materialbogen 16.2 bietet den Kindern einen Versuch an, der ihnen Folgendes veranschaulicht: Je länger das Gebiss nicht gereinigt wird, desto größer werden die Zahnbeläge. Auf Grund des Versuchs können die Kinder folgern, dass das Gebiss möglichst nach jeder Mahlzeit gereinigt werden muss, um Zahnbeläge zu vermeiden.

Der Versuch, der für Kinder sehr anschaulich und motivierend ist, kann in verschiedene Unterrichtszusammenhänge integriert werden. Zum Beispiel lässt er sich sinnvoll mit Baustein 8: „Alles KAI oder was?" (S. 68) und mit Baustein 10: „Wir führen ein Zahnpflege-Tagebuch" (S. 72) kombinieren.

3. ANREGUNGEN FÜR DEN UNTERRICHT

Hinweis: Bevor der Versuch durchgeführt wird, werden die Eltern informiert und um Zustimmung zum Einfärben der Plaque ihrer Kinder gebeten (vgl. Elternbrief in Baustein 12 für das 1./2. Schuljahr, S. 39).

I☐ Mit den Kindern wird besprochen, dass bei ungenügender Gebisspflege Zahnbeläge entstehen, die man „sichtbar" machen kann. Da viele Kinder Zahnpasta-Werbung aus dem Fernsehen kennen, bei denen eingefärbte Zahnbeläge gezeigt werden, kann sich die Lehrkraft auf diese Vorerfahrungen beziehen.

I☐ Der Versuch wird nach Maßgabe der Anleitung in Materialbogen 16.2 durchgeführt. Die Ergebnisse werden in der Klasse besprochen:

Je länger man sich nicht die Zähne putzt, desto stärker werden die Zahnbeläge auf den Zähnen.

Daraus wird gefolgert:

- Auf jeden Fall jeden Morgen nach dem Frühstück Zähne putzen und
- jeden Abend nach dem Abendbrot die Zähne putzen!
- Möglichst zuckerfreie Süßigkeiten essen sowie zuckerfreie Getränke trinken!

4. BEZUG ZU ANDEREN BAUSTEINEN

Baustein 8: Alles KAI oder was? .... S. 68

Baustein 10: Wir führen ein Zahnpflege-Tagebuch .... S. 72

I☐ Einfärben von Zahnbelägen mit MIRA-2-TON Tablets

Hersteller: Hager & Werken GmbH u. Co. KG
Ackerstraße 1, 47006 Duisburg,
Tel. 02 03/9 92 69-0

Packungsgröße: Packung mit 10 Tabletten

Bezugsquelle: Verein für Zahnhygiene e. V.
Bestellnummer: 5006

Unser Zahnlabor: Was ist Sache mit dem Zahnbelag?

Wenn die Zähne nicht richtig geputzt werden, dann siedeln sich Bakterien auf den Zähnen an. Eine weißliche, fest sitzende Schicht entsteht, die man Zahnbelag nennt. Nicht immer ist dieser Belag gut zu erkennen. Damit dieser Belag deutlich zu sehen ist, färben wir ihn ein!

Was meinst du, wie schnell sich Zahnbeläge bilden?
Wenn du Genaues zu dieser Frage herausfinden möchtest, solltest du folgenden Versuch machen:

1. Für den Versuch teilt ihr euch in zwei Versuchsgruppen auf:

   - Die Kinder der ***Gruppe 1*** putzen sich am Abend zuvor und am Morgen des Versuchstages nicht mehr die Zähne.

   - Die Kinder der ***Gruppe 2*** putzen sich am Morgen des Versuchstages nicht die Zähne.

   Damit es richtig spannend wird, lost ihr in der Klasse die zwei Versuchsgruppen aus. Ihr verratet nicht, wer zu welcher Versuchsgruppe gehört.

2. Der Versuch wird in der Klasse durchgeführt. Dazu wird Folgendes benötigt:
   - eine Tablette zum Einfärben der Zahnbeläge für jedes Kind
   - ein Spiegel für jedes Kind
   - Papierservietten, um die Kleidung zu schützen
   - ein blauer Farbstift und ein roter Farbstift für jedes Kind
   - Zahnbürste, Fluoridzahnpasta und Zahnputzbecher für jedes Kind
   - Wasser zum Mundspülen

3. Der Versuch geht so:
   - Die Zahnbeläge werden mit Hilfe der Tablette eingefärbt. Wie das genau geht, erklärt dir deine Lehrerin oder dein Lehrer.
   - Dann nimmst du deinen Spiegel und untersuchst genau, wo Zahnbeläge sichtbar gemacht wurden und welche Farbe sie haben.

Unser Zahnlabor: Was ist Sache mit dem Zahnbelag?

- Hier siehst du die Abbildung eines Gebisses. Markiere mit dem Blaustift die Stellen in der Zeichnung, an denen du bei dir blau gefärbten Zahnbelag entdeckt hast. Markiere mit dem Rotstift, wo du lila-rot gefärbten Zahnbelag siehst.

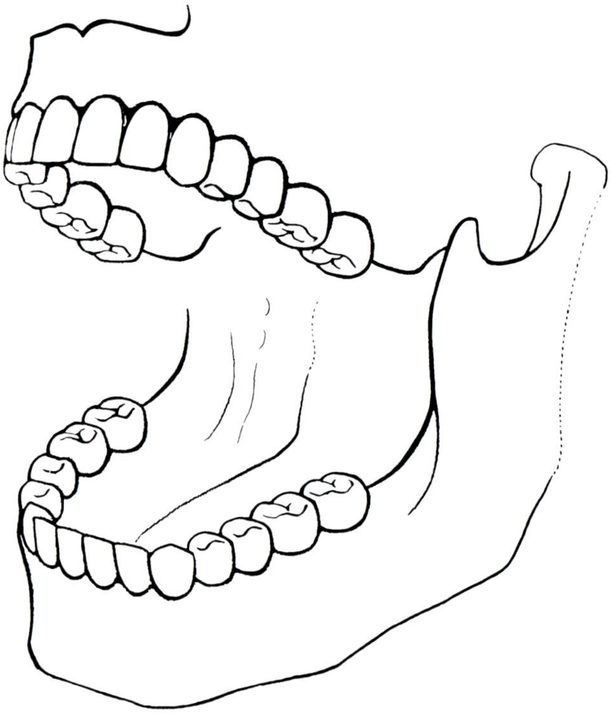

Wie sehen deine Zahnbeläge aus?
Tragt eure Untersuchungsergebnisse in eine Tabelle ein. So könnte sie aussehen:

Zahnbelag	**blau**	**lila-rot**
Versuchsgruppe 1		
Versuchsgruppe 2		

- Die blau gefärbten Zähne zeigen an, dass es sich um ältere Zahnbeläge handelt.
- Die lila-rot gefärbten Zahnbeläge zeigen an, dass es sich um jüngere Zahnbeläge handelt.

  - Was kannst du daraus in Bezug auf deine Zahnbeläge folgern?
  - Sind Unterschiede bei den beiden Versuchsgruppen zu erkennen?
  - Was bedeuten die Ergebnisse für deine Gebisspflege?

Der Versuch ist natürlich erst dann beendet, wenn du dir die Zähne geputzt und damit auch die eingefärbten Zahnbeläge beseitigt hast.

Anhang

„Zahnhits" zu den Themen Ernährung, Zahngesundheit und Zähneputzen

Noten und Texte der gleichnamigen Musik-CD, herausgegeben vom Verein für Zahnhygiene Darmstadt e. V.

Index 01
Was ich esse, das ist wichtig

Text und Musik: Georg Wimmers

2. Auch was Süßes, das ist klar, brauche ich zum Leben.
Doch vieles Süße, das ist wahr, ist nur Zucker eben.
Bei zu vielen süßen Sachen wird man kugelrund.
Dein Körper hat da nichts zu lachen.
Nur Süßes, das ist ungesund!

Milch zum Beispiel, die ist klasse, da ist alles drin.
Fette, Eiweiß, Vitamine! Hey, wie schlau ich bin!
Mal ein Obst, mal ein Gemüse, von allem immer was,
mal ein Apfel, mal ein Möhrchen, so macht essen Spaß,
mal ein Apfel, mal ein Möhrchen, so macht essen Spaß!

3. Was ich esse, das ist wichtig …

Index 02
Gut gekaut ist halb verdaut

Text und Musik: Georg Wimmers

Gut verdauen, das ist wichtig …

2. Gut gekaut ist halb verdaut, denn was du eingenommen
soll bis in die kleinste Ecke deines Körpers kommen.
Wenn du große Stücke einfach abbeißt, schluckst – und aus,
kommen all die wicht'gen Stoffe da doch gar nicht raus.

Gut verdauen, das ist wichtig …

Index 03
Wir sind der Chor der weißen Zähne

Text und Musik: Georg Wimmers

Hurra! Hurra! Hurra! …

2. Wir stehen gleich dahinter, Eckzähne heißen wir.
Oben zwei und unten zwei, das sind zusammen vier.
Wir sind ganz spitz und auch ganz stark und steh'n an jeder Eck'.
Was man im Mund nicht schneiden kann, das reißen wir dann weg.

Hurra! Hurra! Hurra! …

3. Wir sind die Backenzähne, groß und flach und breit.
Oben zehn und unten zehn, zum Kauen stets bereit.
Was man uns nach hinten schiebt, zermahlen wir ganz fein,
denn was du herunterschluckst, das soll ganz fein nur sein.

Hurra! Hurra! Hurra! …

Index 04
Autsch, das tut weh!

Text und Musik: Georg Wimmers

Autsch! Das tut weh! …

2. Diese Reste, grad die süßen, machen schlimme Sachen,
können sie doch kleine Löcher in die Zähne machen.
Karies, so heißen diese braunen Löcher dann,
und irgendwann, dann tun sie ganz schön weh.
Oh Mann, oh Mann!

Autsch! Das tut weh! …

3. Siehste, nun hat es auch dich erwischt, das tut mir leid.
Doch die einz'ge Hilfe, die ist gar nicht mal so weit.
Denn der Zahnarzt, der schaut nach und macht die Karies weg.
Alles and're, glaub' es mir, hat wirklich keinen Zweck.

Autsch! Das tut weh! …

4. Bohrer an, Karies raus und Löchlein zu gemacht.
Geht ganz schnell, ist gar nicht schlimm. Das wäre doch gelacht!
Und dann nach jedem Essen: Putz' die Zähne, spül' den Mund!
Dann bleiben deine Zähne – auch lange noch gesund.

Autsch! Das tut weh! …

Index 05
Zahnputzsong

Text und Musik: LAGZ Bayern

Rap: Hey! Hallo du! Jetzt hör mir mal zu!
Schokoriegel, Eis, Konfekt, weil es einfach lecker schmeckt.
Kein Problem, doch hinterher muss Zahnpasta und Bürste her.
Zähne o.k. und nichts tut dir weh!

Rap: Gelbe Zähne voller Flecken sind wie Pickel voll der Schrecken.
Mega out so'n Loch im Zahn. Ey, damit machst du keinen an!
Zähne o.k. und nichts tut dir weh!

Zähneputzen ist wirklich nicht schwer …

Rap: Fang' immer mit den Kauflächen an,
die Bürste hin und her über jeden Zahn.
Und jetzt die Zähne zusammenbeißen,
von außen putzen und zwar in Kreisen.
Von innen die Essensreste ausstreichen
und noch mal spülen, das sollte reichen.

Zähneputzen ist wirklich nicht schwer …

Rap: Zahnbeläge, Essensreste für die Zähne nicht das Beste.
Karies ist nicht mehr in, doch Zähneputzen, das macht Sinn.
Flecken, Löcher, Zahnbeläge kriegst du gratis ohne Pflege.
Zahnweh aber ist der Schock. Auf Zahnweh hat wohl keiner Bock.

Zähneputzen ist wirklich nicht schwer …

Index 06
Süßklops

Text: Jens Heidtmann,
Musik: Karl-F. Parnow-Kloth,
Verein für Zahnhygiene e.V.

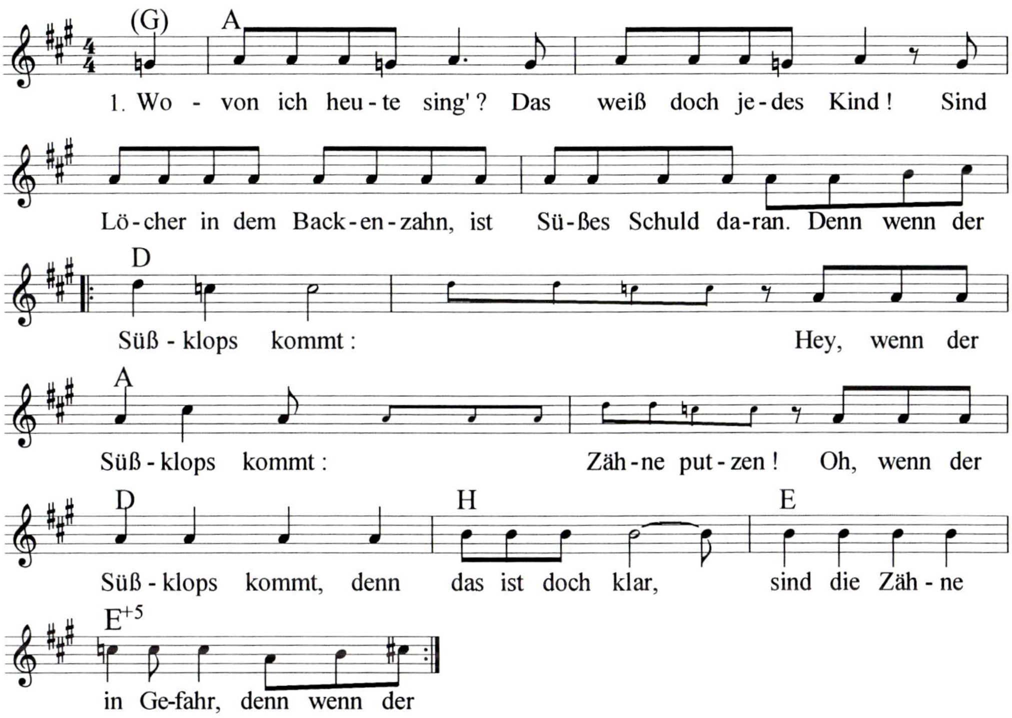

2. Nimm die Bürste für den Zahn
und Zahnpasta daran!
Für den Zahn ist das der beste Schutz,
wenn du ihn damit putzt.

Denn wenn der Süßklops kommt ...

Wenn der Süßklops kommt: Zähneputzen!
Hey, wenn der Süßklops kommt: Zähneputzen!
Für den Zahn ist das der beste Schutz,
wenn du dir die Zähne putzt.

Sachinformationen

5. Sachinformationen

Die folgenden Sachinformationen beziehen sich auf die vier zentralen Themen der Gebissgesundheitserziehung:

- Im ersten Themenkomplex „Bau und Leistung des Gebisses“ werden humanbiologische Grundlagen der Gebissgesundheitserziehung dargestellt.
- Im zweiten Themenkomplex werden „Entstehung und Verlauf von Zahn- und Gebisserkrankungen“ behandelt.
- Im dritten Themenkomplex geht es um präventive Maßnahmen zur „Gesunderhaltung des Gebisses“: Gebisspflege, Fluoridierung und richtige Ernährung.
- Im vierten Themenkomplex „Zahnärztin/Zahnarzt – Zahnärztliche Behandlung“ stehen Aspekte der präventiv-zahnmedizinischen Betreuung, der Behandlung von Karies und der kieferorthopädischen Behandlung im Mittelpunkt.

5.1 Bau und Leistung des Gebisses

ALLGEMEINE HINWEISE

Vielen Menschen wird die Bedeutung ihrer Zähne erst bewusst, wenn Zähne krank werden oder verloren gehen. Zähne spielen eine maßgebende Rolle:

- beim ***mechanischen Aufschluß der Nahrung.*** Mit den Lippen und den Zähnen ergreifen wir die Nahrung, mit den Zähnen beißen wir Nahrung ab und kauen sie. Der Beiß- und Kauapparat ist ein Teil der Mundhöhle. Hier beginnt der Verdauungstrakt.
- bei der ***Lautbildung.*** Die Zahnreihen sind als Teile des Resonanzraumes Mundhöhle für eine deutliche Artikulation aller Laute wichtig. An der Bildung bestimmter Laute (S-, T-Laute) sind Zähne besonders beteiligt. Das gilt z. B. auch für das „th" der englischen Sprache.
- für die ***Form und den Ausdruck des Gesichtes.*** Unsere Einstellungen zu anderen Menschen können u. a. auch durch deren Mundpartie mit dem Gebiss bestimmt werden. Wie stark die Mundpartie den Gesichtsausdruck prägt, wird deutlich, wenn die Zähne fehlen (Abb. 1).

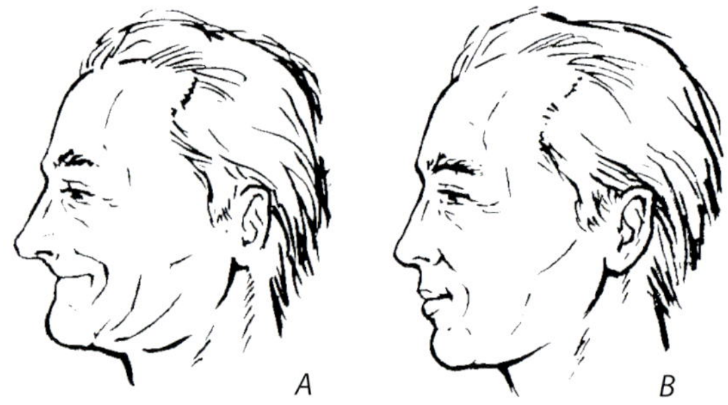

Abb. 1:
Profil eines Mannes ohne Zähne (A),
Profil dieses Mannes mit Zähnen (B)

ZAHNFORMEN UND IHRE FUNKTIONEN

Mit Hilfe des Gebisses ergreift und zerkleinert der Mensch seine Nahrung. Diese Leistungen sind möglich, weil wir über verschieden gestaltete Zahnformen verfügen, die unterschiedliche Funktionen haben (hier bezogen auf das bleibende Gebiss):

	Zahnformen	Funktionen
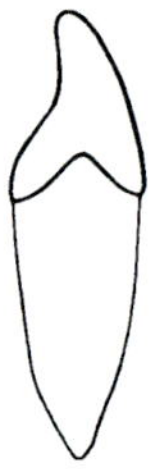	**Schneidezähne:** keilförmige Krone mit waagerechter Schneidekante; Außenfläche konvex, Innenfläche leicht konkav; eine Wurzel	Abbeißen von Nahrungsbrocken
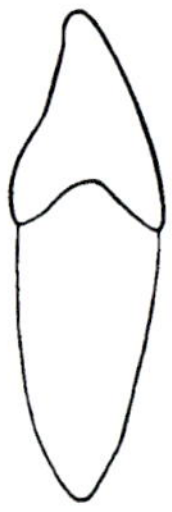	**Eckzähne:** kegelförmig zugespitzte Krone; eine besonders lange Wurzel	Festhalten von Nahrung zum Abreißen, Spalten von Nahrungsbrocken
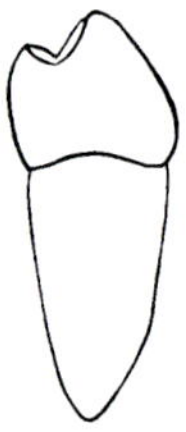	**kleine Backenzähne** (Prämolaren): Kaufläche mit zwei Höckern; eine oder zwei Wurzeln	Zerteilen, Zerquetschen, Zerreiben und Zermahlen von Nahrung
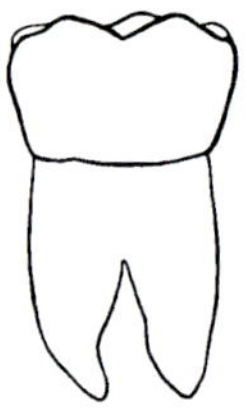	**große Backenzähne** (Molaren): Kaufläche mit 3–5 Höckern; im Oberkiefer drei, im Unterkiefer zwei Wurzeln	

Die verschiedenen Zahnformen mit ihren unterschiedlichen Funktionen sind in den beiden Zahnreihen optimal einander zugeordnet. Bei normaler Zahn- und Kieferstellung (Regelbiss) liegt die Zahnreihe des Oberkiefers beim Zubeißen leicht über dem Zahnbogen des Unterkiefers, weil die Frontzähne (Schneide- und Eckzähne) des Oberkiefers breiter sind als die entsprechenden Zähne im Unterkiefer (Abb. 2). Durch das Übergreifen ist die Schneidewirkung der Frontzähne beim Abbeißen gegeben.
Außerdem liegen die Kauflächen der Seitenzähne (kleine und große Backenzähne) des Oberkiefers beim Kauen et-

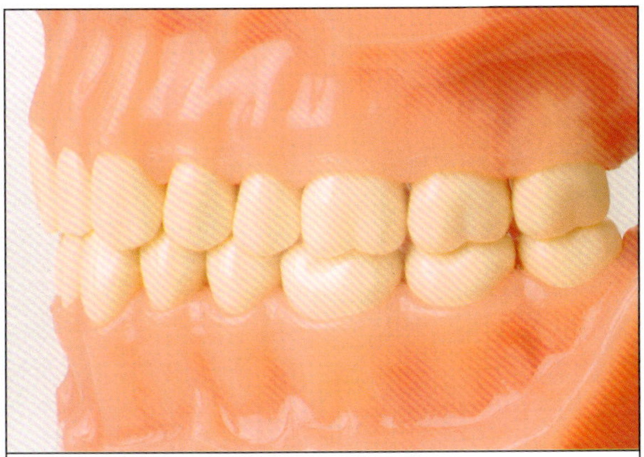

Abb. 2: Normale Zahn- und Kieferstellung (Regelbiss, Gebissmodell)

was hinter den Kauflächen der entsprechenden unteren Seitenzähne. Dadurch greifen die Höcker so ineinander, dass die Nahrung zerkleinert werden kann. In der Regel berühren sich die Zähne in der Zahnreihe punkt- oder flächenförmig (Kontaktpunkte, Kontaktflächen).

MILCHGEBISS – WECHSELGEBISS – BLEIBENDES GEBISS

Die ***Entwicklung*** der ***Milchzähne*** beginnt bereits während der 6.–8. Schwangerschaftswoche durch Bildung der Zahnleisten, aus denen die Anlagen für 20 Milchzähne und 32 bleibende Zähne hervorgehen. Im 4. Schwangerschaftsmonat setzt die Mineralisierung der Hartsubstanzen der Milchzähne ein. Zum Zeitpunkt der Geburt sind die meisten Kinder zahnlos. Die Kronen der mittleren Milchschneidezähne sind vollständig, die der übrigen Milchschneidezähne etwa zur Hälfte mineralisiert. Teilweise sind sogar die Kronen von bleibenden Zähnen mineralisiert.

Zum ***Durchbruch*** der ersten ***Milchzähne*** kommt es im Allgemeinen im Alter von 6–8 Monaten. In Abständen folgen die anderen Milchzähne. Im 3. Lebensjahr (24.–30. Monat) ist in der Regel das Milchgebiss komplett (20 Zähne), in jeder Kieferhälfte zwei Schneidezähne, ein Eckzahn und zwei Backenzähne (Abb. 4.2).

Milchzähne werden in kürzerer Zeit gebildet als die bleibenden Zähne. Sie sind weniger als diese mineralisiert, daher heller und nicht so hart wie die bleibenden Zähne.

Die Backenzähne haben Plateaus mit Höckern und Tälern. Beim Durchbruch werden die einander gegenüberliegenden Backenzähne durch den sogenannten Kegel-Trichter-Mechanismus zum maximalen Ineinandergreifen gesteuert und dadurch in ihrer Lage zueinander festgehalten (Abb. 3).

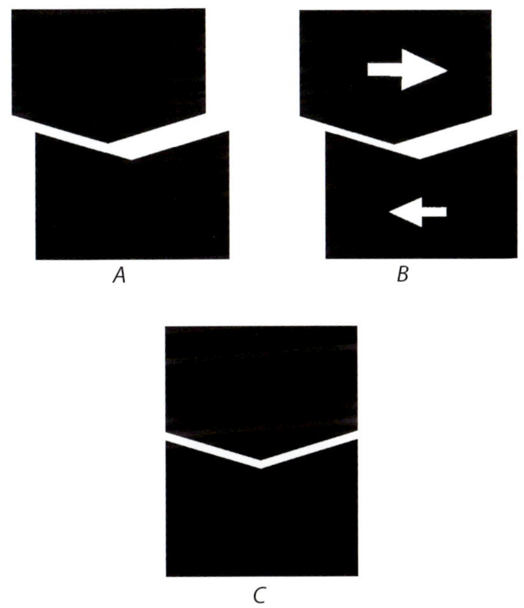

Abb. 3: Verschiebung eines durchbrechenden Backenzahns mittels des Kegel-Trichter-Mechanismus (A, B) bis zum völligen Ineinandergreifen (C) der korrespondierenden Backenzähne (schematische Darstellung)

Im Frontzahnbereich gibt es nicht die „Verzahnung" wie im Seitenzahnbereich. Dadurch kommt es zu einer Vielzahl unterschiedlicher Frontzahnstellungen.

Normalerweise überlappen sich die Schneidezähne ein wenig (Abb. 2) und stützen sich gegenseitig beim Zubeißen ab. An der Außenseite tragen die Lippen, an der Innenseite trägt die Zunge zur Stabilität bei.

Die Abstützung durch die Unterlippe verhindert, dass die oberen Frontzähne zu weit durchbrechen. Normalerweise ist der Durchbruch der Zähne erst abgeschlossen, wenn sie abgestützt sind.

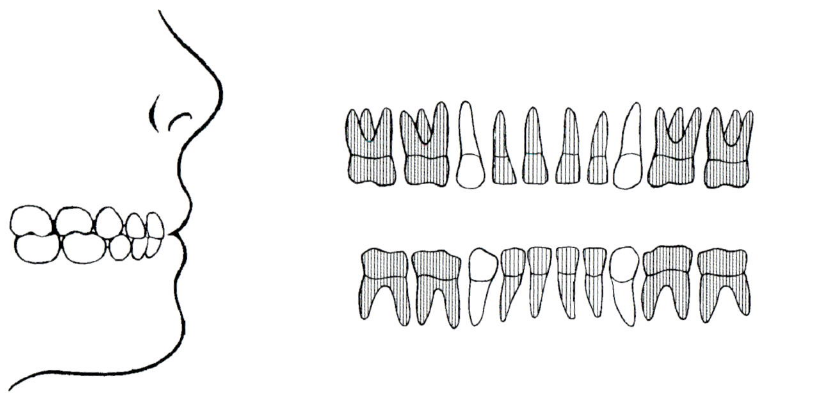

Abb. 4.1: Milchgebiss – Zahnreihe des Ober- und des Unterkiefers

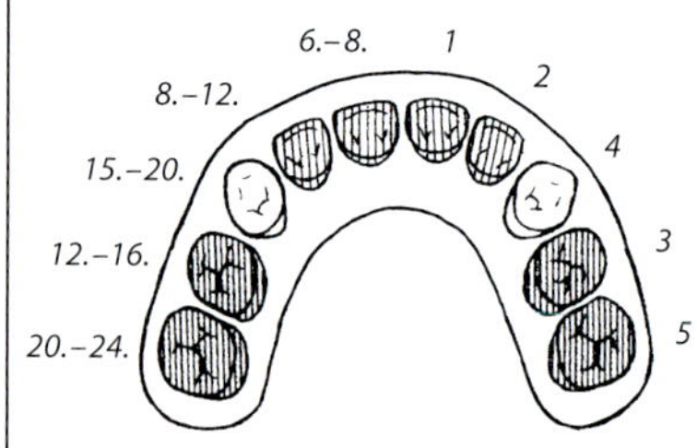

Die rechten Zahlen geben die Reihenfolge des Erscheinens der Zähne im Milchgebiss, die linken Zahlen den Lebensmonatsbereich dieses Erscheinens an.

Abb. 4.2: Milchgebiss – Zahnbogen des Unterkiefers in Aufsicht

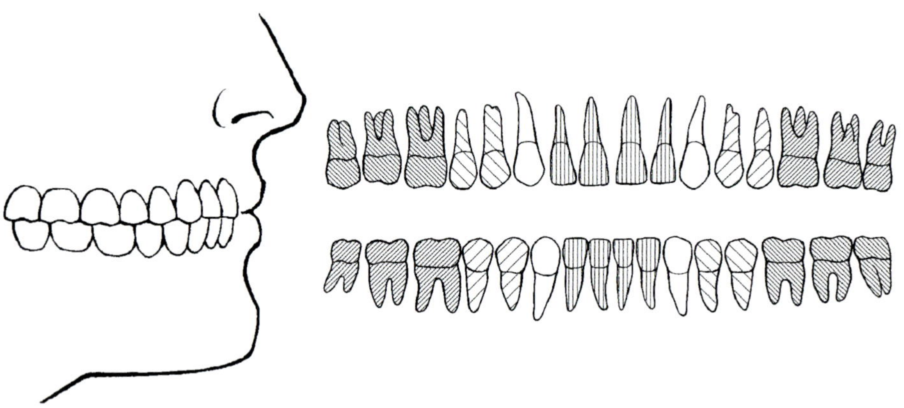

Abb. 5.1: Bleibendes Gebiss – Zahnreihe des Ober- und des Unterkiefers

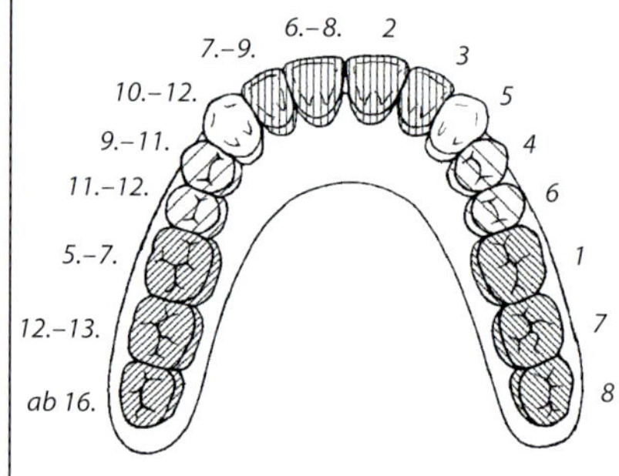

Die rechten Zahlen geben die Reihenfolge des Durchbruchs der Zähne im Dauergebiss, die linken Zahlen den Lebensjahrbereich dieses Durchbruchs an.

Abb. 5.2: Bleibendes Gebiss – Zahnbogen des Unterkiefers in Aufsicht

Vom 6.–14. Lebensjahr findet der ***Zahnwechsel*** statt. Das Milchgebiss mit 20 Zähnen (Abb. 4.1 und 4.2) wird nach und nach durch das bleibende Gebiss in der Regel mit 28, höchstens mit 32 Zähnen (Abb. 5.1 und 5.2) ersetzt bzw. erweitert. Von einem ***Wechselgebiss*** spricht man, wenn bleibende Zähne nach und nach Milchzähne ersetzen.

Der ***Durchbruch*** der ***bleibenden Zähne*** im 6./7. Lebensjahr beginnt oft nicht mit den Schneidezähnen, sondern mit den großen Backenzähnen („Sechsjahrmolaren") hinter den letzten Milchbackenzähnen (Abb. 5.2). Diese ersten bleibenden großen Backenzähne werden häufig nicht als bleibende Zähne erkannt, weil sie keinen „Milchzahn-Vorgänger" haben. Die hintersten großen Backenzähne rechts und links im Ober- und Unterkiefer (Abb. 5.2) werden ***Weisheitszähne*** genannt. Etwa ab dem 18. Lebensjahr können sie durchbrechen. Sie können auch ein Leben lang im Kieferknochen verharren oder aus Platzmangel schräg zur Kaufläche durchbrechen. Sie können auch fehlen, weil sie nicht angelegt sind.

Die Durchbruchzeiten sind für die korrespondierenden Zähne in den beiden Kiefern nicht gleich. Im Allgemeinen brechen die Zähne im Unterkiefer etwas früher durch als die korrespondierenden des Oberkiefers. Besonders im Seitenzahnbereich gibt es eine große Variation, was die Durchbruchzeiten und damit die Reihenfolge des Erscheinens der Zähne betrifft.

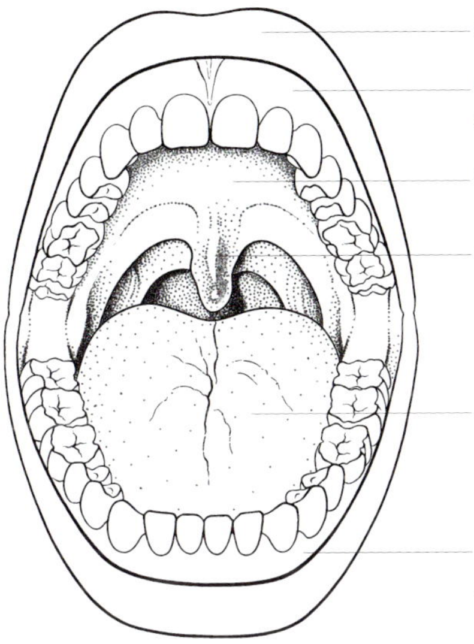

Abb. 6: Blick in die Mundhöhle eines Erwachsenen

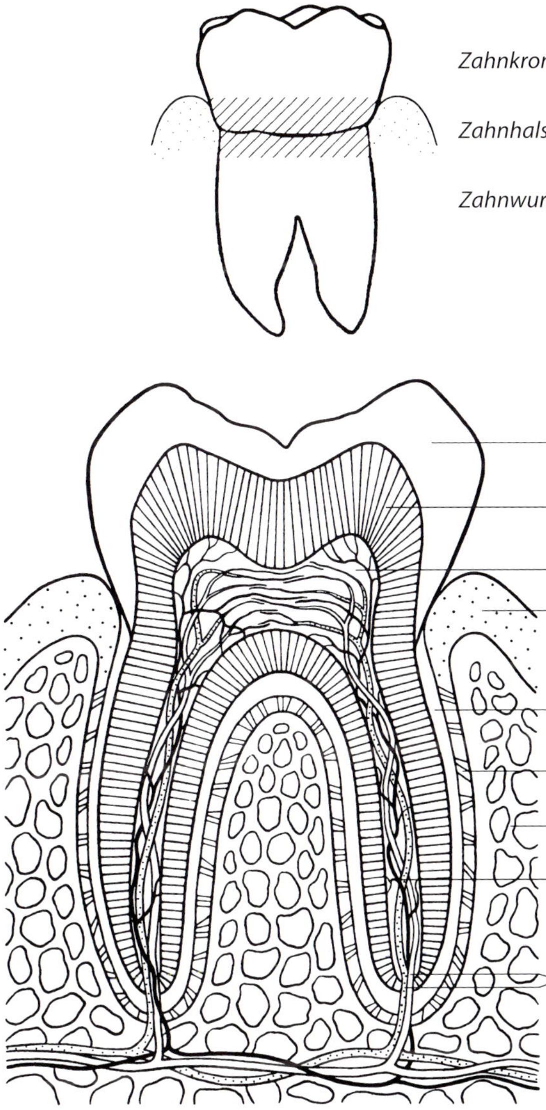

Abb. 7: Bereiche und Strukturen eines Backenzahnes

BAU UND LEISTUNGEN DER ZÄHNE UND DES ZAHNBETTES

Die Kiefer mit den Zähnen, dem Zahnfleisch und dem Zahnbett sowie die Mundschleimhaut, die Zunge, die Speicheldrüsen, ferner Muskeln, Nerven und Blutgefäße und die Lippen stellen ein ***komplexes Funktionssystem*** (Abb. 6) dar, das u. a. zur Aufnahme und zum Aufschluss der Nahrung dient. In der Mundhöhle beginnt die Verdauung.

Zähne (Abb. 7) sind zum größten Teil aus mineralisierten Hartsubstanzen aufgebaut. Der weißliche ***Zahnschmelz*** bildet die äußere Schicht der Zahnkrone. Er besteht zu etwa 96 % aus Mineralhartsubstanzen. Die Schmelzdicke beträgt im Durchschnitt etwa 1 mm, an den Höckern der Backenzähne ist sie bis zu 2,5 mm stark. Zahnschmelz ist unsensibel. Er muss beachtlichen Belastungen (Kaudruck) und Beeinträchtigungen (thermische Reize, Säureangriffe) standhalten und ist aus der härtesten Substanz gebildet, die der menschliche Körper erzeugt: aus Apatitkristalliten. Apatit ist härter als Stahl. Die ***Qualität des Zahnschmelzes*** hängt u. a. von kontinuierlich angebotenem ***Fluorid*** ab, das eine vor Karies schützende Deckschicht an der Schmelzoberfläche bildet. Trotz seiner Härte kann Zahnschmelz bei Schlag und Stoß (z. B. bei Sportunfällen), aber auch beim Beißen auf sehr harte Gegenstände absplittern, abbrechen oder Sprünge bekommen.

Das ***Zahnbein (Dentin)*** ist nicht so hart wie der Zahnschmelz. Es wird von winzigen Kanälchen durchzogen. In diese Dentinkanälchen reichen feinste Nervenfasern aus der Markhöhle. Sie reagieren auf Temperaturunterschiede (heiß/kalt) und auf chemische Reize (süß/sauer) und können zudem Schmerzempfindungen signalisieren, z. B. wenn die Zahnärztin/der Zahnarzt „bohrt".
Dagegen kann Schmelz, der fast vollständig aus mineralischen Bestandteilen besteht, beschliffen werden, ohne dass Schmerzen auftreten.

Die ***Markhöhle (Pulpahöhle)*** enthält das ***Zahnmark (Pulpa).*** Dieses besteht aus Bindegewebe, das von kleinsten Blutgefäßen und von Nervenfasern durchzogen ist. Sie stellen die Verbindung des Zahnes zum übrigen Organismus her. Das Zahnmark heißt in der Umgangssprache „Nerv".

Wo die ***Zahnkrone*** an das ***Zahnfleisch*** grenzt, liegt das Gebiet des ***Zahnhalses.*** Beim gesunden Gebiss schließt sich ihm, für uns unsichtbar, die ***Zahnwurzel*** an. Es gibt einwurzelige (z. B. Schneidezähne) und mehrwurzelige Zähne (z. B. große Backenzähne). In jeder Zahnwurzelspitze befindet sich eine Öffnung für den Durchtritt von ***Blutgefäßen*** und von ***Nervenfasern.***

Die Zähne sind nicht starr mit dem Kieferknochen verwachsen. Das ***Zahnbett*** (***Parodont,*** gr. = das um den Zahn herum Angeordnete), auch als ***Zahnhalteapparat*** bezeichnet, sorgt für eine geringfügig elastische Verankerung der Zähne. Zum Zahnbett gehören:

- das ***Wurzelzement,*** eine knochenartige Schicht, die im Wurzelbereich das Zahnbein umgibt, aber weniger hart ist als der Zahnschmelz;
- die ***Wurzelhaut,*** ein Bindegewebe mit federnd gelagerten Fasern, die – zwischen Wurzelzement und Kieferknochen angeordnet – eine geringfügig nachgebende Verankerung der Zähne bedingt und den Kaudruck auffängt;
- der ***Kieferknochen,*** in welchem sich die ***Zahnfächer (Alveolen)*** befinden.

Einen Grenzbereich zwischen der Mundhöhle und dem Parodont bildet das ***Zahnfleisch (Gingiva),*** das kragenförmig den Zahnhals umgibt, hier die ***Zahnfleischfurche*** bildet und blassrosa gefärbt ist.

PSYCHOSOZIALE WIRKUNGEN VON MUNDPARTIE UND GEBISS

Die Mundpartie mit dem Gebiss trägt wesentlich zum Gesichtsausdruck bei. Lippen, Zähne und Kiefer haben in hohem Maße auch ***ästhetische Funktion.*** Für die Gesichtsmimik als einem Spiegelbild seelischer Zustände spielt die Mundpartie eine wichtige Rolle. Mit dem Gebiss zusammen hat sie nicht nur für das Aussehen, sondern auch für das Selbstwertgefühl des Menschen erhebliche Bedeutung. Ein vollständiges, gepflegtes Gebiss (Abb. 8) gibt Menschen Sicherheit und Selbstvertrauen.

Die Form der Zähne, der Bau des Gebisses und die Stellung der Kiefer zueinander beeinflussen stark die Mundpartie und damit den ***Gesichtsausdruck.*** Wie stark ein fehlendes Gebiss den Gesichtsausdruck verändert, kann man bei Vollprothesenträgern sehen, wenn sie ihr Gebiss aus dem Mund genommen haben. Mangelhaft gepflegte Zähne, durch Karies angegriffene Zähne (Abb. 9) oder durch Erkrankungen des Zahnbettes zerstörte Gebisse mit Zahnlücken wirken unästhetisch. Andererseits kann ein gepflegtes Gebiss die Schönheit des Gesichtes betonen.

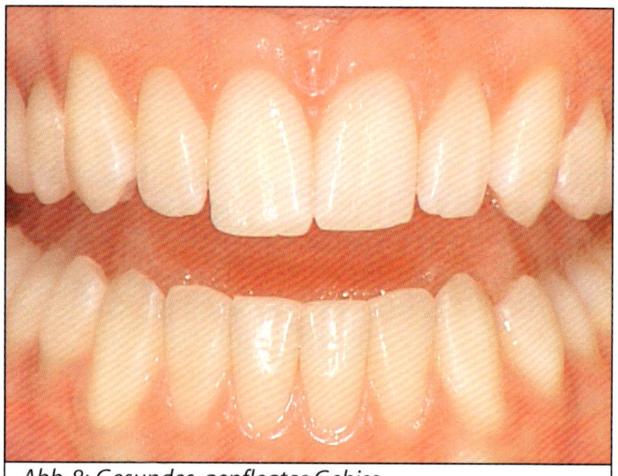

Abb. 8: Gesundes, gepflegtes Gebiss

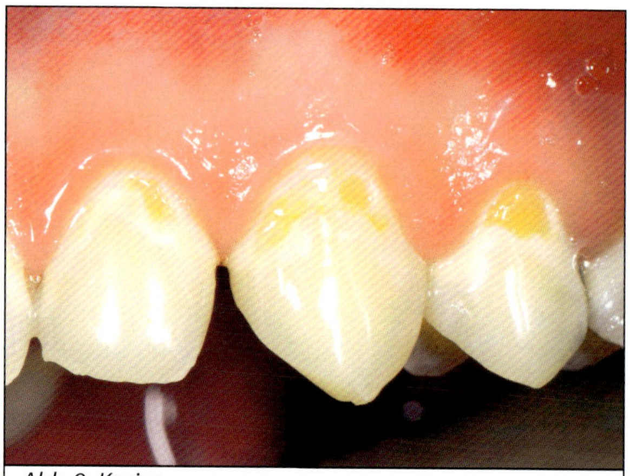

Abb. 9: Karies

5.2 Entstehung und Verlauf von Zahn- und Gebisserkrankungen

DIE MUNDHÖHLE – EIN ÖKOSYSTEM

Die ***Mundhöhle*** ist ein ***Ökosystem.*** Sie bietet hervorragende Lebensbedingungen für Mikroorganismen: ideale Temperatur, genügend Feuchtigkeit, in ausreichendem Maße Mineralstoffe (im Speichel), ferner organische Nährstoffe, die durch Bestandteile aus der Nahrung des Menschen zu einem „Luxusmilieu" ergänzt werden. Intakte ökologische Systeme befinden sich in einem ***dynamischen Gleichgewicht,*** d. h. natürliche Regulationskräfte sorgen dafür, dass sich diese Systeme erhalten. Belastende Einwirkungen können das Gleichgewicht stören, ja sogar zusammenbrechen lassen. Durch Schutzmaßnahmen kann ein gefährdetes biologisches Gleichgewicht wieder hergestellt werden. In diesem Zusammenhang sind auch die Entstehung von Zahn- und Gebisserkrankungen sowie Maßnahmen zu deren Vorbeugung zu betrachten.

Besonders starken Belastungen muß der ***Zahnschmelz*** widerstehen. Er stellt die Grenzschicht des Zahnes zur Mundhöhle dar. Zahnschmelz besteht zu etwa 96 % aus Apatitkristalliten (wasserunlösliche Calciumphosphate), in die u. a. Fluorid eingelagert ist. Die Kristallite bilden in einer Verbundstruktur Schmelzprismen (Abb. 10). Von den Hartgeweben des Zahnes sind Zahnbein und Wurzelzement am Stoffwechsel des Organismus beteiligt, während der Zahnschmelz einem Stoffaustausch mit der Umgebung (Mundhöhle) unterliegt.

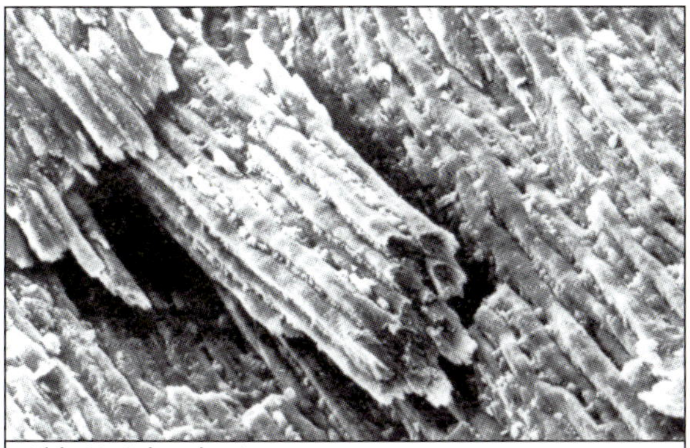
Abb. 10: Schmelzprismen

Die natürliche Umgebung des Schmelzes ist der ***Speichel.*** Die Menge der vornehmlich von den Speicheldrüsen abgegebenen Flüssigkeit macht etwa einen 1/2 bis 3/4 Liter pro Tag aus. Speichel ist für die Gesunderhaltung der Zähne sehr wichtig. Als Spülspeichel entfernt er Nahrungsreste, sofern sie nicht an den Zähnen kleben. Durch Plaquebakterien aus Zucker erzeugte Säuren, die für die Entstehung von Karies verantwortlich sind, können vom Speichel neutralisiert und fortgespült werden. Der Speichel führt auch wichtige Stoffe, z. B. Calcium- und Phosphationen – anorganische Bestandteile der Zahnhartsubstanz – an die Oberflächen der Zähne heran und stellt sie damit zum Einlagern in den Zahnschmelz zur Verfügung. Speichel übernimmt somit im Ökosystem Mundhöhle Schutz- und Regenerationsfunktionen für den Zahnschmelz. Von besonderer Wichtigkeit ist hierbei das ***Fluorid.*** Es gelangt mit dem Speichel, mit Nahrungsmitteln und Fluoridpräparaten an die Zahnoberfläche und von hier an den Schmelz. Die Widerstandsfähigkeit des Schmelzes gegenüber schädigenden Einflüssen, d. h. seine Qualität, wird durch Fluorid erheblich verbessert.

Mikroorganismen (Bakterien, Viren, Pilze) gehören natürlicherweise auch zum Ökosystem Mundhöhle und besiedeln gleich nach der Geburt die Mundschleimhaut und nach ihrem Durchbruch die Milchzähne. ***Bakterien*** aus dieser Mundflora ***setzen in ihrem Stoffwechsel Zucker,*** der mit der Nahrung aufgenommen wird, unter anderem ***zu Säuren*** um.

Säuren können den Zahnschmelz angreifen. In sehr dünner Lage sind kariogene (= Karies verursachende) Mikroorganismen auf der Zahnoberfläche relativ ungefährlich, obwohl sie bei entsprechendem Zuckerangebot Säuren produzieren. Diese geringen Säuremengen, die man nicht schmeckt, können vom Speichel „weggespült" werden. Durch die neutralisierende Wirkung des Speichels werden sie in ihrer Konzentration verringert und damit für den Zahnschmelz unschädlich gemacht. Kommt es jedoch zu einer ***Entkalkung*** des Zahnschmelzes (auch ***Demineralisation*** genannt), so kann dieser minimale Schaden durch Einlagerung von Bestandteilen aus dem Speichel rückgängig gemacht werden.

Nach dem Verzehr von Rhabarber oder Spinat spürt man mit der Zunge, dass sich der Zahnschmelz aufgerauht anfühlt. Säuren aus dem Rhabarber bzw. Spinat haben ihn leicht angegriffen. Spätestens nach einer Stunde ist diese oberflächliche Entkalkung des Zahnschmelzes durch ***Remineralisation*** mittels des Speichels repariert. Der Zahnschmelz fühlt sich wieder glatt an. Diese Remineralisation wird durch Fluorid erheblich gefördert.

Andere Verhältnisse liegen in der Mundhöhle vor, in der das natürliche Gleichgewicht gestört ist: Zu häufige Aufnahme zuckerhaltiger Nahrung kann bei fehlender

Gebisspflege dazu führen, dass der Bakterienfilm zu einem ***Zahnbelag (Plaque)*** anwächst. Aus Zucker produzieren die Bakterien ein Flechtwerk aus langkettigen unlöslichen und klebrigen Kohlenhydraten (extrazelluläre Polysaccharide), die sowohl für den Zusammenhalt der Plaque als auch für ihre Haftung an der Zahnoberfläche sorgen (s. auch S. 26). Plaque ist somit ein ***Biofilm,*** in den die Bakterien eingebettet und so bakterienhemmenden Einflüssen „von außen" weitgehend entzogen sind. Wird vornehmlich weiche Nahrung aufgenommen, dann entfällt zudem die Selbstreinigung des Gebisses, wie z. B. beim Abbeißen fester Nahrungsmittel. Zahnbeläge stellen für die Wirkungsmöglichkeiten des Speichels Barrieren dar (Abb.11). Die in ihnen gebildeten Säuren können vom Speichel nicht weggespült bzw. neutralisiert werden. Vielmehr entkalken sie den Zahn. Damit beginnt jeder kariöse Defekt. Außerdem kann Zahnbelag, der sich in der Furche zwischen Zahnfleischsaum und Zahn bildet, Zahnfleischentzündung verursachen.

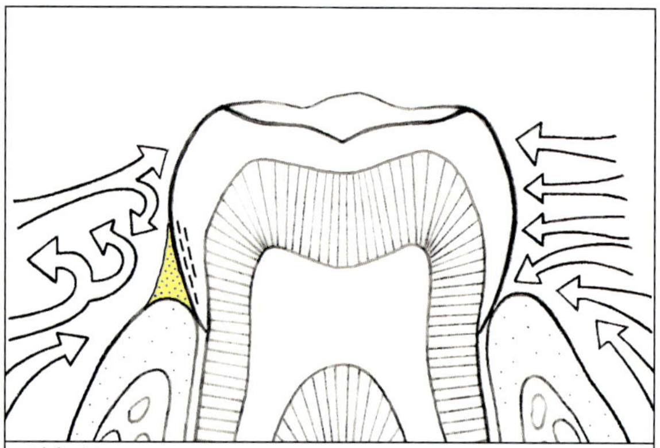

Abb. 11:
linke Seite: Zahnbelag – schützender Speichel kommt nicht an bestimmte Stellen des Zahnes heran (beginnende Entkalkung des Zahnschmelzes)

rechte Seite: Kein Zahnbelag – schützender Speichel erreicht Zahnoberfläche überall

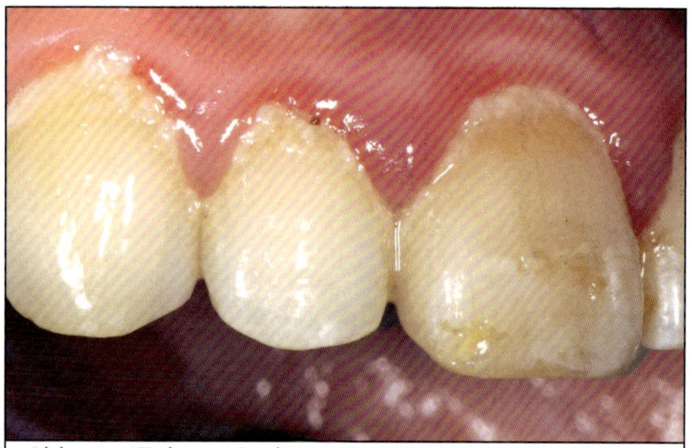

Abb. 12.1: Zähne mit Plaque

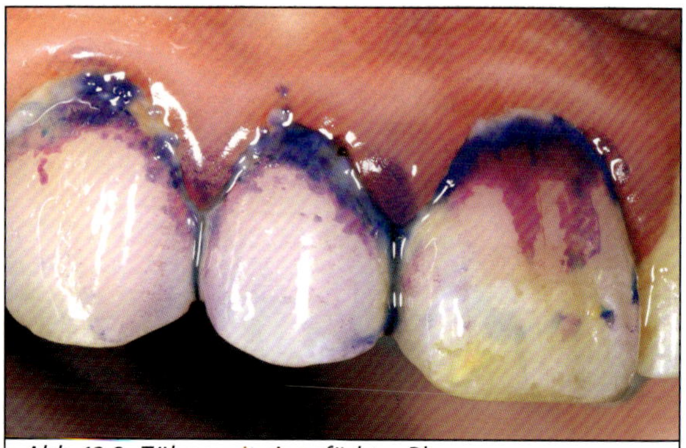

Abb. 12.2: Zähne mit eingefärbter Plaque (alte Plaque blau, junge Plaque lila-rot)

ZAHNBELAG UND SEINE AUSWIRKUNGEN AUF DIE ZAHNHARTSUBSTANZEN

Von dem eigentlichen Zahnbelag sind ***Speisereste*** zu unterscheiden, die an Zähnen haften und/oder sich in Zahnzwischenräumen sammeln. Klebrige und weiche Speisereste finden sich vor allem da, wo eine Selbstreinigung des Gebisses nicht oder nur unzureichend möglich ist. Speisereste lassen sich unmittelbar nach dem Essen mehr oder weniger leicht durch Bewegungen mit der Zunge oder durch Mundausspülen teilweise entfernen. Anders ist das mit einer über Stunden „gewachsenen" Bakterienplaque. Durch Ausspülen des Mundes mit Wasser kann dieser bakterielle Zahnbelag nicht von den Zähnen weggeschwemmt werden. Durch ***Einfärben*** (s. 1./2. Schuljahr, Baustein 12, S. 39 ff. und 3./4. Schuljahr, Baustein 16.2, S. 90 ff.) lässt sich Plaque gut sichtbar machen (Abb. 12.1 und 12.2).

Um den kausalen Zusammenhang zwischen Plaque und Karies zu verdeutlichen, sollen die Bildung der Plaque, ihre Zusammensetzung und der Stoffwechsel der Plaquebakterien näher betrachtet werden.

BILDUNG DER PLAQUE

Kurze Zeit nachdem ein Gebiss durch Zähneputzen gesäubert worden ist, bildet sich auf der Oberfläche der Zahnkronen ein ***Häutchen aus Glykoproteinen.*** Das

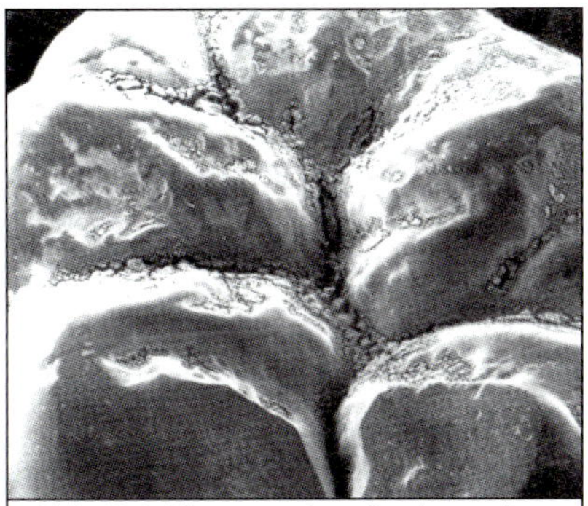

Abb. 13.1: Fissuren eines Backenzahnes mit Plaque (14fach vergrößert)

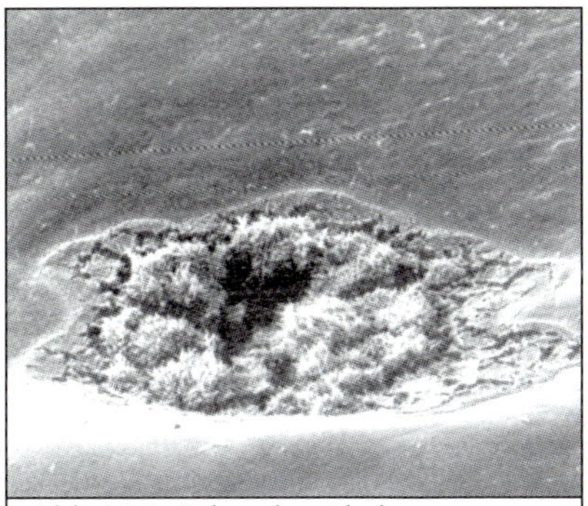

Abb. 13.2: Schmelzgrübchen mit Plaque (88fach vergrößert)

sind eiweißartige Verbindungen, die mit dem Speichel an den Zahn gelangen. Hieran heften sich Bakterien aus der Mundflora und vermehren sich zu Kolonien. Bevorzugte Stellen für die Besiedelung durch Plaquebakterien sind:

- die tiefen Rillen und Furchen (Fissuren) in den Kauflächen der kleinen und großen Backenzähne (Abb. 13.1),
- natürlicherweise vorhandene Schmelzgrübchen (Abb. 13.2),
- die Seitenflächen eng nebeneinander stehender Zähne (von hier kann Plaque in Zahnzwischenräume wachsen),
- die Zahnkronen im Bereich der Zahnfleischsäume,
- Oberflächenrauhigkeiten, die durch Mineralisationsstörungen entstanden sind.

An den Glattflächen der Schneidezähne kann es zur Selbstreinigung beim Abbeißen von Nahrungsmitteln mit fester Konsistenz kommen. Diese Stellen lassen sich auch mit der Zahnbürste gut erreichen, so dass hier keine oder nur eine dünne Plaqueschicht entstehen kann. Auch Lippen, Wangen und Zunge tragen an den Stellen zur Selbstreinigung bei, die sie berühren. An Stellen, wo Selbstreinigung und nicht ausreichend intensive Mundpflege weniger wirksam sind und genügend Zucker als Nährstoff für die Bakterien zur Verfügung steht, wird die Plaque auf Grund ihres ungestörten Wachstums dicker. Dieses Eigenwachstum ist bedingt durch die Vermehrung der Plaquebakterien (Verdoppelung etwa innerhalb einer Stunde!) und durch die Zunahme ihrer Stoffwechselprodukte. Hierbei handelt es sich unter anderem um großmolekulare, stärkeähnliche Verbindungen, die eine ***festhaftende Plaquematrix*** bilden (s. u.). Bei fehlender Mundhygiene kann die Plaque so stark zunehmen, dass sie mit bloßem Auge schon nach einem Tag auch ohne Anfärbung erkennbar ist. Werden in dieser Plaque Mineralsalze, die im Speichel enthalten sind, auskristallisiert, entsteht ***Zahnstein.*** Er bildet sich insbesondere an den Innenflächen der unteren Schneide- und Eckzähne und an den Außenflächen der oberen großen Backenzähne.
Diese Zahnflächen liegen in der Nähe der Ausführungsgänge von Speicheldrüsen. Zahnstein schadet auf Dauer dem Zahnbett und wird in der zahnärztlichen Praxis entfernt.

ZUSAMMENSETZUNG DER PLAQUE

In der Mundhöhle leben natürlicherweise etwa 300 Arten von Mikroorganismen. Ihre Anzahl beträgt etwa 50 Mrd. pro Gramm Plaque. Ihre Durchschnittsgröße liegt bei einem tausendstel Millimeter (= Mikrometer, µm). Äußerst komplex ist die Mikrobiologie der Plaque. Häufige Zufuhr von Nahrungszucker fördert die Besiedlung des auf der Zahnoberfläche gebildeten Häutchens aus Glykoproteinen mit Bakterien. Bei weiterem Zuckerangebot und fehlender Mundpflege entsteht daraus die kariogene Plaque, in der Streptokokken dominieren. ***Streptococcus mutans*** gilt als Hauptverursacher von Karies. Die parodontale Plaque, die Zahnbetterkrankungen verursacht, ist auf Grund des Milieus (sauerstoffarm) anders zusammengesetzt.

STOFFWECHSEL DER PLAQUEBAKTERIEN

In der Plaque läuft bei den verschiedenartigen Mikroorganismen ständig eine Vielzahl von unterschiedlichen Ernährungs- und Energiestoffwechselprozessen ab. Im Zusammenhang mit Karies kommt dem Kohlenhydratstoffwechsel von Plaquebakterien eine zentrale Bedeutung zu.

Kohlenhydrate stellen eine große Gruppe von Naturstoffen dar. Alle sind pflanzlicher Herkunft. Zu ihnen gehören leicht lösliche ***Mono- und Disaccharide,*** die man mit einem Sammelnamen **„Zucker"** nennt. Sie können alle unmittelbar von Bakterien zu Säuren abgebaut werden; nicht so ohne weiteres die wasserunlöslichen Stärkearten (Polysaccharide), deren kettenförmige Riesenmoleküle meist aus dem Monosaccharid ***Traubenzucker (Glukose)*** aufgebaut sind, und die erst durch Enzyme des Speichels zu niedermolekularen Kohlenhydraten aufgespalten werden müssen, bevor sie zu Säuren abgebaut werden. Der ***Fruchtzucker (Fructose)*** gehört ebenfalls zu den einfachen Zuckern.

Disaccharide heißen alle Zucker, die aus zwei Monosaccharid-Molekülen bestehen. Unser ***Haushaltzucker,*** der auch Rohr- oder Rübenzucker ***(Saccharose)*** genannt wird, ist ein solches Disaccharid. Disaccharide können im Stoffwechsel von Organismen zunächst zu Monosacchariden abgebaut werden. Dabei entsteht z. B. aus Saccharose ein Glucose-Fructose-Gemisch. Der ***Invertzucker*** im Bienenhonig stellt ein solches Gemisch dar, das durch saccharosespaltende Enzyme der Bienen erzeugt wird. Auch in der menschlichen Verdauung gibt es derartige Enzyme.

Disaccharide sind besonders kariogen. Sie werden im Stoffwechsel von Bakterien durch das Enzym Invertase in Monosaccharide gespalten. Die dabei freiwerdende Energie dient den Bakterien dazu, mit Hilfe weiterer Enzyme ***Reservekohlenhydrate*** in ihren Zellen zu produzieren sowie großmolekulare Kohlenhydrate von klebrig-gummiartiger Konsistenz (Glucane) herzustellen und nach außen abzugeben. Die ***Glucane*** ermöglichen den Plaquebakterien die Anheftung an den Zähnen und die Verklebung untereinander. Sie stellen das ***Grundgerüst (Matrix)*** der bei unzureichender Mundhygiene sich rasch vergrößernden ***wasserunlöslichen Plaque*** dar (Abb. 14, Abb. 15). Die Reservekohlenhydrate dienen den Bakterien als Nahrung in Zeiten, in denen keine Nahrung (z. B. Zucker) aus dem Milieu zur Verfügung steht (z. B. während des Nachtschlafes). Auch in einer solchen Situation können von den Plaquebakterien kontinuierlich Säuren gebildet werden.

Für die Entstehung von Karies sind auch hochmolekulare Kohlenhydrate aus unserer Nahrung nicht zu unterschätzen. Insbesondere werden Nahrungsmittel, die ***gekochte Stärke*** enthalten und in der feuchten Mundhöhle klebrig werden (z. B. Kartoffelchips), durch Enzyme in kurzer Zeit zu niedermolekularen Kohlenhydraten gespalten, die von Plaquebakterien zu Säuren verstoffwechselt werden können.

Die ***Demineralisation des Zahnschmelzes,*** d. h. das Herauslösen von Stoffen aus seiner Oberfläche, kann schließlich zum kariösen Defekt führen. Sie hat ihre Ursache im ***Einwirken von Säuren auf*** die ***Apatitkristallite.*** Die Entstehung dieser Säuren hängt mit biochemischen Vorgängen des Energiestoffwechsels von Plaquebakterien zusammen. Dabei kann z. B. Saccharose, die mit der Nahrung in die Mundhöhle und von dort in gelöster Form in die Plaquematrix gelangt, von Bakterien aufgenommen und zu Glucose- und Fructosemolekülen abgebaut werden. Zur Gewinnung von Energie werden diese Monosaccharide von Plaquebakterien weiter verstoffwechselt. Dabei entstehen u. a. organische Säuren, wie z. B. Milchsäure, Essigsäure, Propionsäure (Abb. 16). Aber auch Säuren (z. B. Zitronensäure, Ascorbinsäure) aus Nahrungsmitteln (z. B. Rhabarber, Fruchtsäften, Softdrinks) können in entsprechend hoher Konzentration zu Schäden an Zähnen führen ***(Erosionen)***, ohne dass Plaquebakterien beteiligt sind.

Der pH-Wert einer sauren Lösung ist um so niedriger, je höher die Konzentration der Wasserstoffionen ist. Er ist stets kleiner als 7 (neutral). Je niedriger der pH-Wert, desto

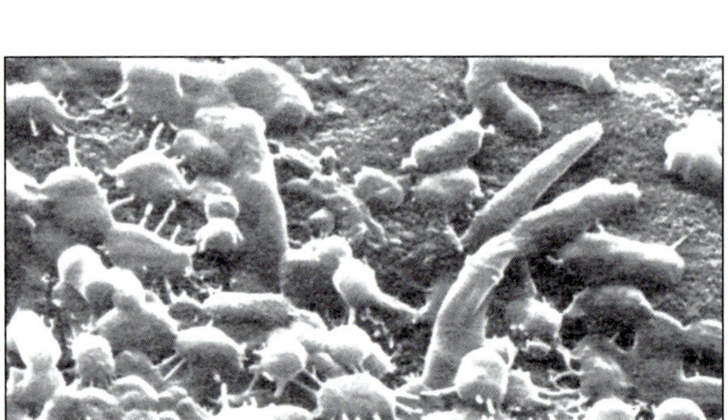

Abb. 14: Anheftung von Plaquebakterien an das Zahnoberhäutchen (13.000fach vergrößert)

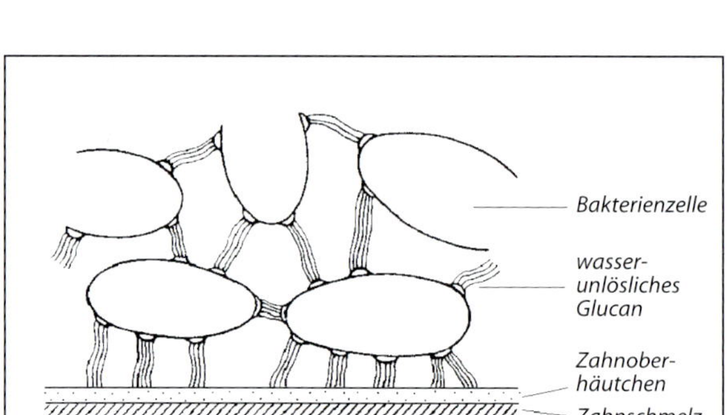

Abb. 15: Zusammenhalt von Bakterien in der Plaque (modellartige Darstellung)

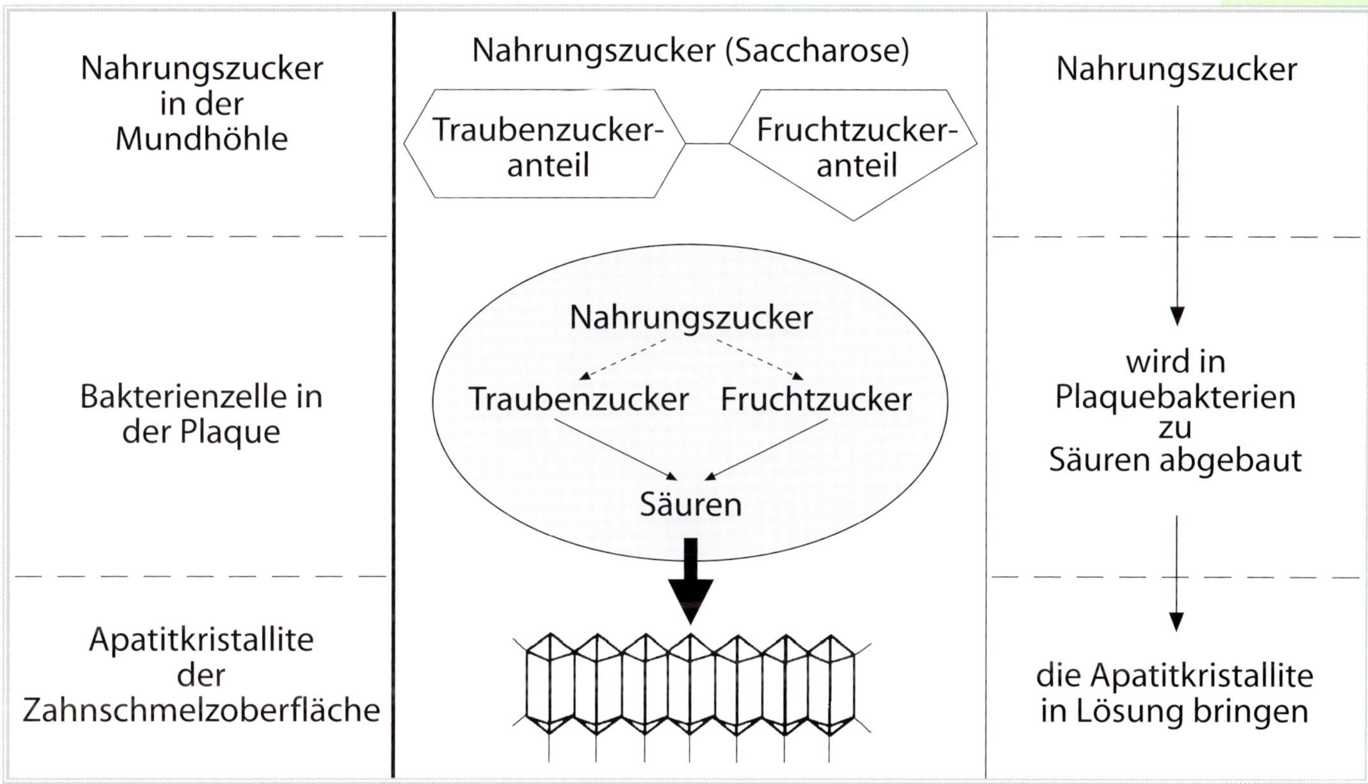

Abb. 16: Abbau von Nahrungszucker durch Plaquebakterien zu Säuren – Säuren greifen die Zahnschmelzoberfläche an

saurer ist die Lösung. Bei einem pH-Wert von 5,7 liegt die kritische Grenze, unterhalb der Zahnschmelz in Lösung geht. Säurebildung durch Plaquebakterien nach Zuckeraufnahme kann durch Versuche belegt werden.

Wird die Mundhöhle mit 10%iger Traubenzuckerlösung gespült, beginnt bei Vorhandensein von Zahnbelägen sofort die lokale Säurebildung. Nach wenigen Minuten sinkt der pH-Wert in der Plaque unter die kritische Grenze. Die Säurekonzentration steigt und erreicht ihren höchsten Wert nach etwa 20 Minuten. In anderen Versuchen wurde nachgewiesen, dass die Absenkung des pH-Wertes und damit das „Sauerwerden" des Milieus nach Aufnahme von gelöstem Zucker um so größer ist, je älter und dicker bakterielle Zahnbeläge sind.

PLAQUE UND IHRE AUSWIRKUNGEN AUF ZAHNFLEISCH UND ZAHNBETT

Wenn Plaque und Zahnstein nicht regelmäßig entfernt werden, kann eine ***Zahnfleischentzündung (Gingivitis)*** entstehen. Der Zahnfleischentzündung kann eine ***Zahnbettentzündung (Parodontitis)*** folgen.

Bei fehlender Mundpflege bildet sich Plaque in der Furche, die zwischen Zahnfleischsaum und Zahnoberfläche verläuft. Diese Plaque ist in Bezug auf die in ihr vorkommenden Bakterienarten anders zusammengesetzt als die Plaque oberhalb des Zahnfleisches.

Von den Bakterien dieser Plaque werden toxische Stoffe gebildet, die Reize auf das Zahnfleisch ausüben, das sich daraufhin entzünden kann: Gingivitis (Abb. 20).

Die natürlicherweise den Zahn umgebende Zahnfleischfurche wird krankhaft erweitert und vertieft. Eine ***Zahnfleischtasche*** entsteht. Auch in der Zahnfleischtasche vermehren sich bestimmte Bakterienarten, bilden Plaque und erzeugen toxische Stoffe. Es kann sich eine chronische Zahnbetterkrankung (Parodontitis) entwickeln.

Zahnfleischbluten, Schmerzen, fortschreitende Zerstörung des Zahnbettes, letztlich Zahnverlust sind die Folge, wenn nicht rechtzeitig behandelnd eingegriffen wird. Es gibt Risikofaktoren (z. B. Diabetes, Rauchen), die Parodontitis fördern können.

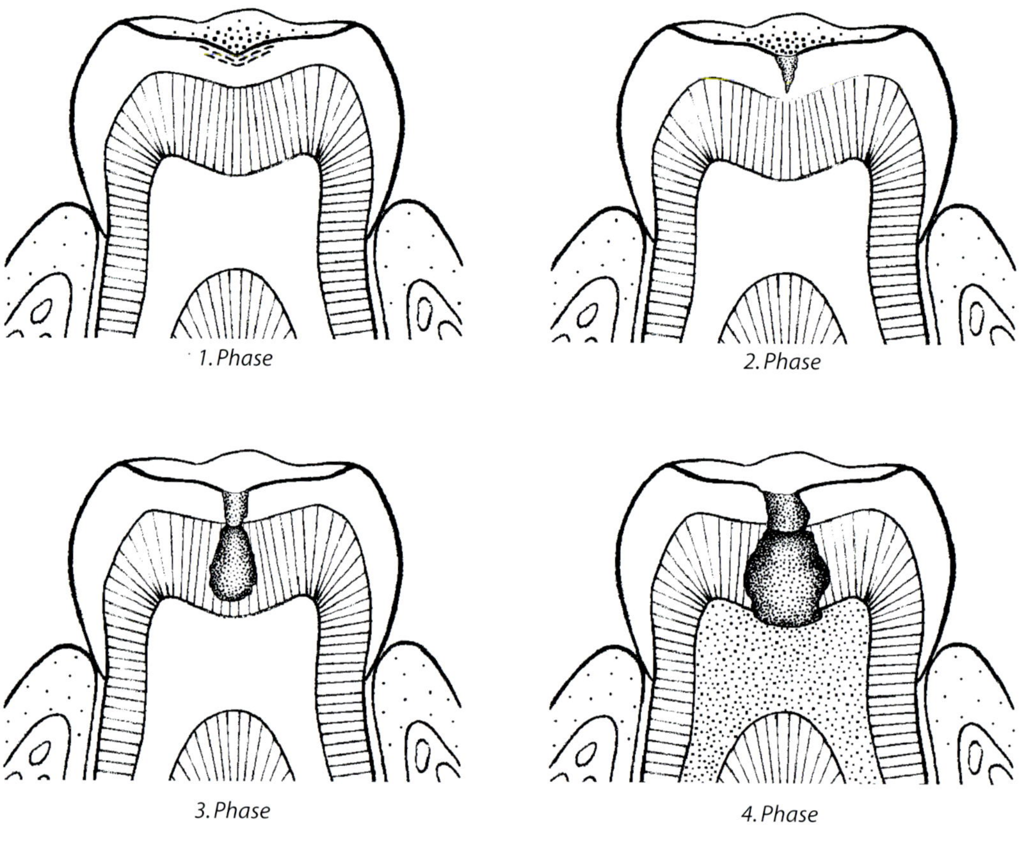

Abb. 17: Verlauf der Karies

KARIES

Karies (Zahnfäule; caries, lat. = „Morschsein") ist die ***am weitesten verbreitete Zahnkrankheit.*** Bei uns wird von dieser Zivilisationskrankheit der größte Teil der Bevölkerung befallen. Karies, die an gefüllten oder überkronten, also bereits behandelten Zähnen auftritt, wird ***Sekundärkaries*** genannt.

VERLAUF

Bei der Zerstörung des Zahnes durch bakterielle Säuren werden vier Phasen (Abb. 17) beschrieben:

1. Phase

Häufig lassen sich schon mit bloßem Auge kariöse Frühschäden als ***kreidig-weiße Flecken*** auf den glatten Flächen der Zähne erkennen (Abb. 18). Bei diesem Initialstadium der Karies ist es durch Säureangriffe zu Mineralverlusten ***(Demineralisation oder Entkalkung)*** im Zahnschmelz gekommen. Entkalkte Schmelzstellen erscheinen wegen der veränderten Lichtbrechung kreidig-weiß. Die Entkalkung kann zum Stehen gebracht werden, wenn gleichzeitig das Naschen von Süßigkeiten reduziert, das Gebiss gepflegt wird und Fluorid zur Anwendung kommt.

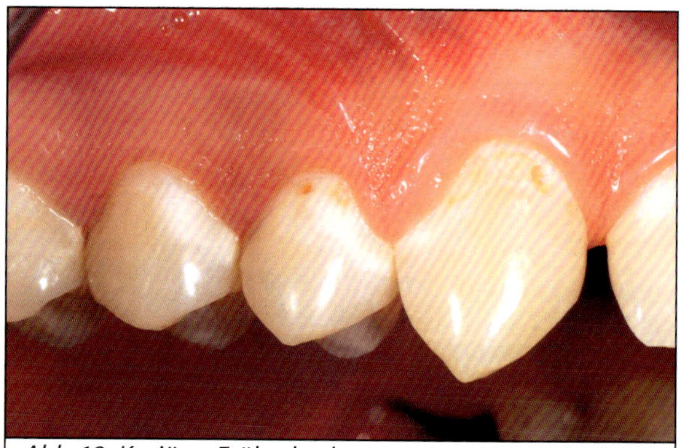

Abb. 18: Kariöser Frühschaden (kreidig-weiße Flecken, kleine Schmelzdefekte)

Die Beseitigung der Plaque bewirkt die Wiederherstellung der natürlichen zahnschmelzerhaltenden Umgebung mit dem ***neutralisierenden und remineralisierenden Speichel.*** Die schädlichen Säuren werden abgepuffert. Calcium-, Phosphat- und Fluoridionen reparieren die „porös" gewordene Stelle. In den Fissuren und Grübchen der Backenzähne tritt die kariöse Initialphase oft als bräunliche Verfärbung in Erscheinung. Bei Beobachtungen von weißen Flecken und/oder bräunlicher Verfärbung an Zähnen ist umgehend eine zahnärztliche Kontrolle notwendig.

2. Phase

Kontinuierliche Säureangriffe lassen die Demineralisation fortschreiten. Der Prozess kann sich umkehren, wenn durch weniger Säureangriffe die Erholungsphasen länger werden. Diese Remineralisierung wird, wie bereits dargestellt, durch Fluorid stark gefördert. Andernfalls kommt es zur irreversiblen Bildung eines ***„Loches" im Zahn,*** einer Kavität. In diese Kavität dringt die mikrobielle Plaque allmählich ein. Durch fortgesetzte Säureproduktion wird das Loch vertieft und erweitert. Mit der Zahnbürste ist eine Reinigung nicht mehr möglich. Von diesem Stadium an kann sich der Zahn nicht mehr durch Remineralisation regenerieren. Zahnärztliche Behandlung ist notwendig. Damit Karies frühzeitig, aber spätestens in diesem Stadium erkannt wird, ist die regelmäßige zahnärztliche Inspektion von großer Bedeutung für die „Reparatur" des kariösen Schadens, aber auch für die Prävention.

3. Phase

Im Grenzbereich zwischen Zahnschmelz und Zahnbein dringen die sich ständig vermehrenden, säurebildenden Plaquebakterien entlang den Kanälchen, die das Zahnbein durchziehen, in Richtung auf das Zahnmark vor. Das im Unterschied zum Zahnschmelz weichere ***Zahnbein wird durch die Säuren schneller zerstört.***
So erklärt es sich, dass die befallene Stelle im Zahnbein nach einiger Zeit größer ist als das Loch im Zahnschmelz. Während dieses Stadiums können sich z. B. bei der Aufnahme von kalten und heißen Nahrungsmitteln (z. B. Eis lutschen) bereits kurzdauernde Zahnschmerzen einstellen. Ein solcher Zahnschmerz kann auch bei der Aufnahme von süßen Nahrungsmitteln auftreten, z. B. beim Genuss von Honig.
Die Bedeutung solcher kurzzeitig auftretenden Zahnschmerzen wird häufig verkannt. Soll der Zahn mit lebender Pulpa erhalten bleiben, muß spätestens jetzt die zahnärztliche Behandlung durchgeführt werden.

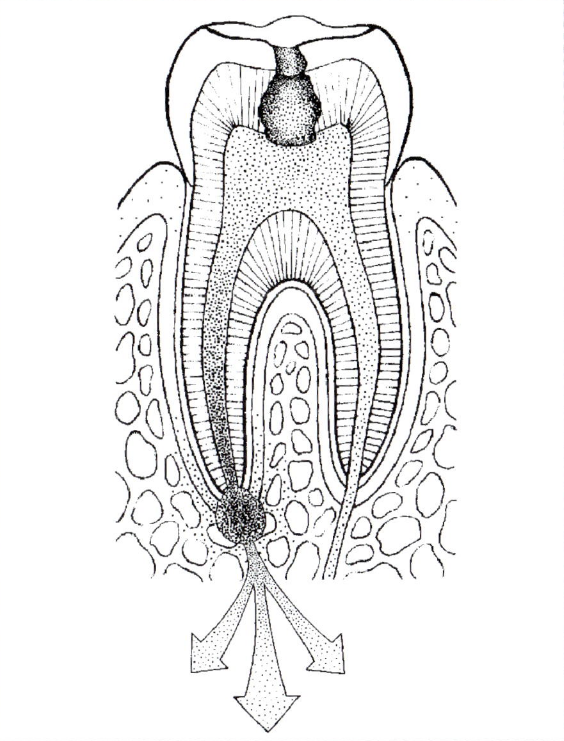

Abb. 19: Wurzelspitzenabszess

4. Phase

Durch andauernde Säureangriffe erreicht die Karies schließlich die Pulpa. Bakterien können eine Entzündung der Pulpa, begleitet von starken Zahnschmerzen, verursachen. Schließlich wird die ***Pulpa zerstört.*** Die im Zahnmark lebenden Bakterien können zudem einen Wurzelspitzenabszess hervorrufen (Abb. 19). Wenn sich die Krankheitserreger im Kieferknochen ansiedeln und vermehren, kann es in Verbindung mit Entzündungsreaktionen zu einer Schwellung, der sog. „dicken Backe", kommen.

WARNZEICHEN

Umgehend sollte man die Zahnärztin/den Zahnarzt aufsuchen, wenn Folgendes festgestellt wird:

- im Spiegel sind keidig-weiße oder braune Stellen an Zähnen zu erkennen;
- mit der Zunge ertastet man scharfe Kanten an Zähnen;
- Zähne reagieren empfindlich auf süße/saure Speisen und heiße/kalte Getränke;
- Zahnschmerzen treten auch spontan ohne Kältereize auf: höchste Gefahr für den Zahn!

VORAUSSETZUNGEN FÜR DIE ENTSTEHUNG

Die vier Voraussetzungen für die Entstehung von Karies stellen ein komplexes Beziehungssystem dar:

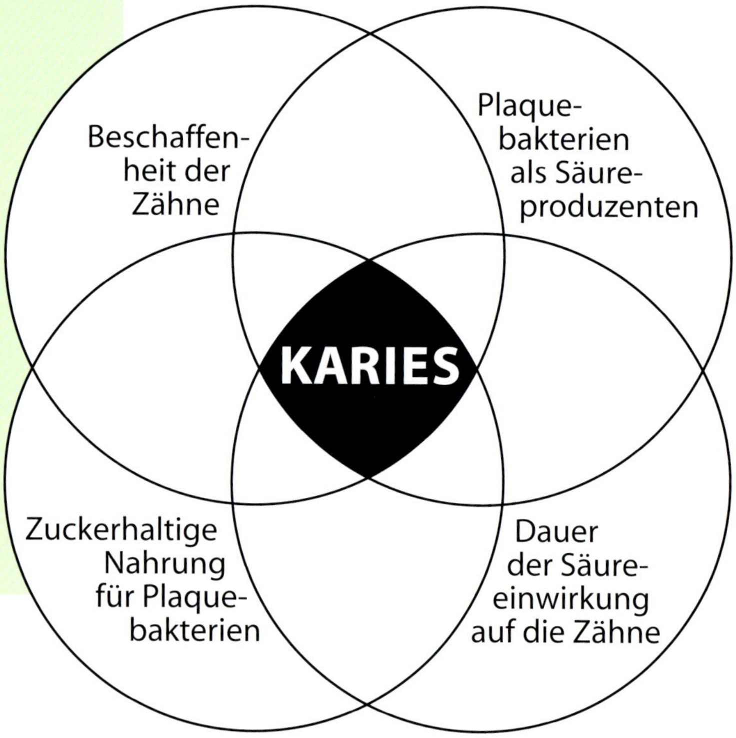

Beschaffenheit der Zähne

In aller Regel sind Zähne, wenn sie durchbrechen, gesund. Sie sind aber kariesgefährdeter als zu späterer Zeit, wenn der Schmelz ausgereift ist. Ferner sind Zähne bei geringer Fluoridzufuhr deutlich weniger widerstandsfähig gegen Demineralisation und damit gegen Karies.

Karies ist nicht erblich, vererbbar hingegen kann z. B. der Engstand von Zähnen sein. Bei unzureichender Gebisspflege liegt hier ein Risiko vor, an Karies zu erkranken. In unserer Bevölkerung ist die Karies ungleich verteilt. Auf 20 bis 30% der Kinder und Jugendlichen entfallen 70 bis 80% der kariösen Zähne, wobei vornehmlich sozial schlechter gestellte Kinder und Jugendliche betroffen sind. Sie bedürfen verstärkt der zahnärztlichen Behandlung, ergänzt durch Gruppen- und Individualprophylaxe.

Plaquebakterien als Säureproduzenten

Versuchstiere (z. B. Ratten), die in völliger Isolation geboren und am Leben erhalten werden, kommen unter diesen Bedingungen nicht mit Bakterien in Berührung, die normalerweise in der Mundhöhle leben. Diese Tiere bleiben auch bei zuckerreicher Ernährung kariesfrei. Das bedeutet: Karies kann ohne Vorhandensein von Plaquebakterien nicht entstehen. Sie siedeln sich gleich nach der Geburt in der Mundhöhle an. Plaquebakterien sind z. B. auch nach dem Ablecken des Schnullers oder Eßlöffels durch die Eltern übertragbar: Hierdurch wird nachweisbar die Entwicklung von Karies begünstigt.

Zuckerhaltige Nahrung für Plaquebakterien

Wenn die Plaquebakterien Nahrung in Form von Zucker und anderen kariogenen Kohlenhydraten zur Verfügung haben, produzieren sie entkalkende Säuren.

Dies geschieht um so mehr und um so länger, je öfter zuckerhaltige Nahrung verzehrt und die Gebisspflege vernachlässigt wird. Kariesentstehung wird demnach eingeschränkt, wenn nach dem Genuss zuckerhaltiger Nahrungsmittel die Zähne richtig geputzt werden. Dadurch wird die Nahrung für die Bakterien beseitigt und somit die Säureproduktion verhindert.

Entscheidend ist nicht die Menge des aufgenommenen Zuckers, sondern die Häufigkeit der Aufnahme und die Klebrigkeit zuckerhaltiger Nahrungsmittel. Viel Zucker zu den Hauptmahlzeiten ist nicht annährend so gefährlich wie häufig kleine Mengen zwischendurch, z. B. in Form zuckerhaltiger Süßigkeiten („zahnfreundliche" Süßungsmittel s. S. 126 f.).

Dauer der Säureeinwirkung auf die Zähne

Die bisher genannten drei Faktoren können Karies erst auslösen, wenn ein vierter Faktor – die ***Einwirkzeit*** – hinzukommt. Dabei ist die Verweildauer der Plaque am Zahn ebenso entscheidend wie die häufige Nahrungszufuhr für Plaquebakterien in Form von gelöstem Zucker aus der Nahrung. Ist diese Situation zu häufig gegeben, dann sind die Zähne zu lange dem schädlichen Einfluss entkalkender Säuren ausgesetzt. Die Remineralisation mittels des Speichels reicht in diesen Fällen nicht mehr aus, um die Schäden zu vermindern oder zu reparieren.

ZAHNFLEISCHENTZÜNDUNG UND ZAHNBETTERKRANKUNGEN

Schulische Gebissgesundheitserziehung ist bisher weitgehend auf Maßnahmen zur Prophylaxe gegen Karies ausgerichtet gewesen. Weniger beachtet blieben das Zahnfleisch und das Zahnbett, deren Gesunderhaltung von gleicher Bedeutung ist wie der Schutz der Zähne vor Karies. Auch Jugendliche können Zahnfleischentzündungen bekommen.

Das ***Zahnfleisch*** ist Grenzbereich zwischen Mundhöhle und Zahnbett. Es umgibt kragenförmig den ***Zahnhals*** und bildet hier die ***Zahnfleischfurche.*** Das ***Zahnbett*** heißt in der Fachsprache ***Parodont*** (gr. = das um den Zahn herum Angeordnete). Zu ihm zählen das ***Wurzelzement,*** die ***Wurzelhaut*** und der ***Kieferknochen*** (s. S. 106 und Abb. 7).

In Kapitel 5.2 (S. 111) ist bereits darauf hingewiesen worden, dass sich die ***Zahnfleischentzündung (Gingivitis)*** auf das Zahnbett ausdehnen und eine ***Zahnbetterkrankung (Parodontitis)*** mit Knochenverlust entstehen kann. Die Parodontitis (für entzündliche Prozesse wird in der Medizin die Endung -itis verwendet) wird im Volksmund auch Parodontose genannt. Als medizinische Bezeichnung ist dieser Ausdruck falsch. Nach der Karies sind Gingivitis und Parodontitis die häufigsten Gebisserkrankungen. In unserer Gesellschaft gehen bei Menschen im mittleren Lebensalter mehr Zähne durch Parodontitis verloren als durch Karies.

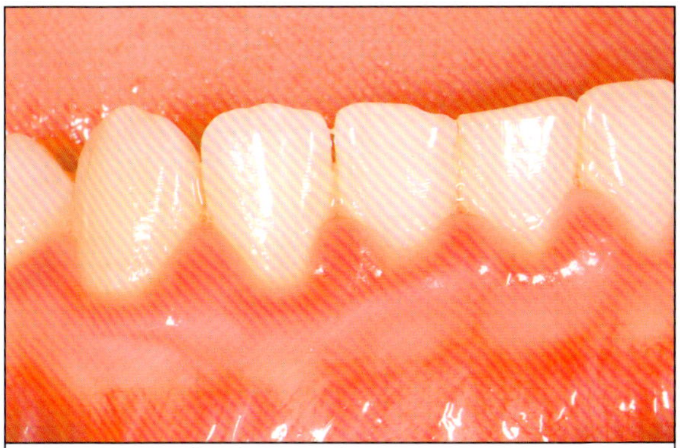

Abb. 20: Zahnfleischentzündung

VERLAUF

Die Erkrankungen des Zahnbettes werden insgesamt als ***Parodontalerkrankungen*** oder ***Parodontopathien*** bezeichnet. Oft entwickeln sie sich aus einer jahrelang bestehenden und von Plaquebakterien aufrecht erhaltenen Entzündung des Zahnfleisches. Wird die Gebisspflege vernachlässigt, kann schon nach wenigen Tagen eine ***Zahnfleischentzündung*** auftreten. Von den sich kontinuierlich vermehrenden Bakterien in der Plaque werden Giftstoffe abgegeben, die in das Zahnfleisch gelangen. Das natürlicherweise blass-rosa gefärbte Zahnfleisch färbt sich kräftig rot und schwillt an (Abb. 20). In dieser Situation kann es durch mechanische Einwirkung auf das Zahnfleisch, z. B. beim Zähneputzen, zu Blutungen kommen. Dadurch werden Menschen veranlasst, sich nicht mehr gründlich genug das Gebiss zu reinigen. Dies hat zur Folge: Plaque wird nicht in genügendem Maße entfernt, die

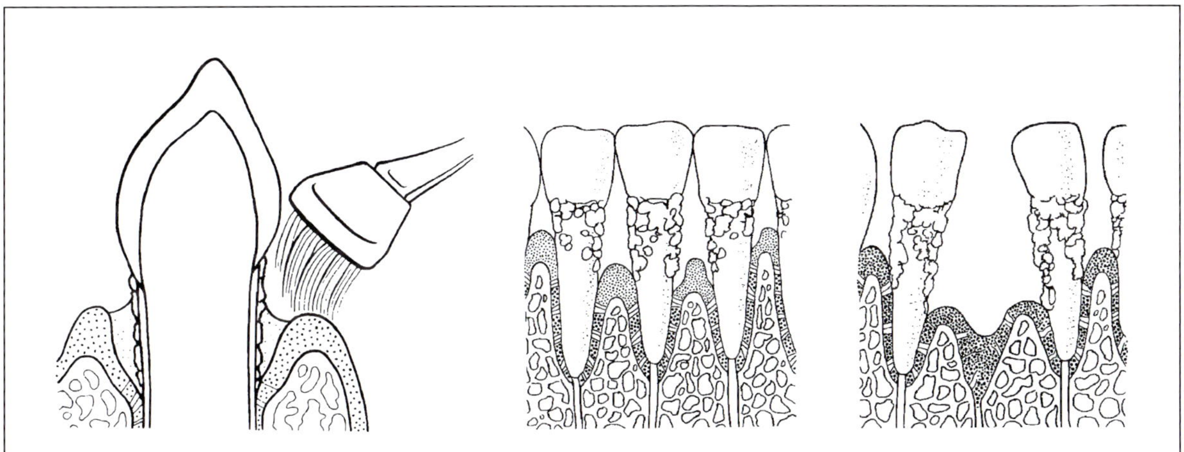

Abb. 21: Verlauf einer Zahnbetterkrankung

Erkrankung schreitet voran. Durch intensive und sanfte mechanische Gebisspflege kann die Gingivitis bereits nach einigen Tagen ohne bleibende Schäden heilen.

Wird einer Givingitis nicht Einhalt geboten, kann sich die Entzündung auf die Strukturen des Zahnbettes ausdehnen und wird in der Regel nach Jahren eine ***Parodontitis*** zur Folge haben (Abb. 21). Das entzündete Zahnfleisch hebt sich vom Zahn ab.

Eine ***Zahnfleischtasche entsteht und vertieft sich.*** In die Zahnfleischtasche wächst Plaque hinein, deren Zusammensetzung – bezogen auf die Bakterienarten – sich von der Plaque oberhalb des Zahnfleisches unterscheidet. Hier vermehren sich Mikroorganismen, die eine Parodontitis hervorrufen und unterhalten. Aus Bestandteilen des Blutes, aus Speichel und aus Entzündungssekreten lagern sich an den Zähnen im Bereich der Zahnfleischtasche fest haftende, schließlich hart werdende Beläge (Konkremente) ab. Diese ***Konkremente*** sind Folge, nicht Ursache der Taschenbildung. Auf ihrer zerklüfteten Oberfläche können sich besonders leicht Plaquebakterien ansiedeln. Durch Zähneputzen können weder die Konkremente noch die in den Taschen angesiedelte Plaque beseitigt werden. In diesem Stadium können durch zahnärztliche Behandlung die Zähne möglicherweise noch gerettet werden. Andernfalls geht die Erkrankung des Zahnbettes weiter: Wurzelhaut und Kieferknochen werden angegriffen und zerstört. Der Zahn wird locker, verliert seinen Halt und geht verloren.

Der Verlauf von Zahnbetterkrankungen zieht sich oft über Jahre hin. Viele Zahnbetterkrankungen können durch zahnärztliche Behandlung am Fortschreiten gehindert werden. Die Behandlung ist oft langwierig und erfordert dauerhafte Mitarbeit der Patientin/des Patienten in Form intensiver Mundhygiene.

WARNZEICHEN

Da bei der Parodontitis Schmerzen meist erst in einem fortgeschrittenen Stadium auftreten, ist es besonders wichtig, schon Warnzeichen zu beachten, die auf Vor- oder Akutstadien der Erkrankung hinweisen:

- gerötetes und geschwollenes Zahnfleisch, das bei mechanischer Reizung blutet;
- Bildung von Zahnfleischtaschen;
- Ablagerung von Konkrementen;
- „Längerwerden" von Zähnen, weil Zahnhälse und schließlich auch Zahnwurzeln freiliegen;
- Empfindlichkeit freiliegender Zahnhälse auf thermische (heiß/kalt) und chemische (süß/sauer) Reize;
- Lockerung von Zähnen;
- unangenehmer Mundgeschmack und/oder Mundgeruch.

5.3 Gesunderhaltung des Gebisses

HINWEISE ZUR GRUPPEN- UND INDIVIDUALPROPHYLAXE

Die Förderung der Gebissgesundheit ist eine Gemeinschaftsaufgabe, an der Kinder und Jugendliche, Eltern, Erzieherinnen und Erzieher, Lehrerinnen und Lehrer, Zahnärztinnen und Zahnärzte und geschultes Prophylaxepersonal beteiligt sind. Sie zielt vom frühen Kindesalter an auf ***Eigenverantwortung für die Gebissgesundheit*** und beinhaltet kontinuierliche Übung und Differenzierung.

Gruppenprophylaxe ist das Vermitteln und das Erlernen von Wissen und Handeln in Gruppen, um Zahn- und Gebisserkrankungen vorzubeugen. An der Gruppenprophylaxe nehmen Kinder teil, die das 12. Lebensjahr noch nicht vollendet haben. Soweit ein hohes Kariesrisiko vorliegt, werden auch Jugendliche bis zum Alter von 16 Jahren einbezogen. Gruppenprophylaxe findet im Kindergarten, in der Schule, in Behinderteneinrichtungen, im öffentlichen zahnärztlichen Gesundheitsdienst und in Zahnarztpraxen statt.

Individualprophylaxe bezieht sich auf die einzelne Person und hier auf Kinder und Jugendliche, die das 6. aber noch nicht das 18. Lebensjahr vollendet haben. Individualprophylaxe findet meist in Zahnarztpraxen statt. Anspruch auf ***Früherkennung*** von Gebisserkrankungen haben auch Kinder unter 6 Jahren.

Gruppen- und Individualprophylaxe bauen aufeinander auf und ergänzen sich. Kinder und Jugendliche, die Mitglieder gesetzlicher Krankenkassen sind, haben Anspruch auf diese prophylaktischen Leistungen. Die gesetzliche Grundlage hierfür gibt es seit 1989. Sie ist seitdem mehrfach ergänzt worden und findet sich im Sozialgesetzbuch Teil V. Im Folgenden wird aus den entsprechenden Paragraphen auszugsweise zitiert:

§ 21 Verhütung von Zahnerkrankungen (Gruppenprophylaxe)

(1) Die Krankenkassen haben im Zusammenwirken mit den Zahnärzten und den für die Zahngesundheitspflege in den Ländern zuständigen Stellen unbeschadet der Aufgaben anderer gemeinsam und einheitlich Maßnahmen zur Erkennung und Verhütung von Zahnerkrankungen ihrer Versicherten, die das zwölfte Lebensjahr noch nicht vollendet haben, zu fördern und sich an den Kosten der Durchführung zu beteiligen. Sie haben auf flächendeckende Maßnahmen hinzuwirken. In Schulen und Behinderteneinrichtungen, in denen das durchschnittliche Kariesrisiko der Schüler überproportional hoch ist, werden die Maßnahmen bis zum 16. Lebensjahr durchgeführt. Die Maßnahmen sollen vorrangig in Gruppen, insbesondere in Kindergärten und Schulen, durchgeführt werden; sie sollen sich insbesondere auf die Untersuchung der Mundhöhle, Erhebung des Zahnstatus, Zahnschmelzhärtung, Ernährungsberatung und Mundhygiene erstrecken. Für Kinder mit besonders hohem Kariesrisiko sind spezifische Programme zu entwickeln.

§ 22 Verhütung von Zahnerkrankungen (Individualprophylaxe)

(1) Versicherte, die das sechste, aber noch nicht das achtzehnte Lebensjahr vollendet haben, können sich zur Verhütung von Zahnerkrankungen einmal in jedem Kalenderhalbjahr zahnärztlich untersuchen lassen.

(2) Die Untersuchungen sollen sich auf den Befund des Zahnfleisches, die Aufklärung über Krankheitsursachen und ihre Vermeidung, das Erstellen von diagnostischen Vergleichen zur Mundhygiene, zum Zustand des Zahnfleisches und zur Anfälligkeit gegenüber Karieserkrankungen auf die Motivation und Einweisung bei der Mundpflege sowie auf Maßnahmen zur Schmelzhärtung der Zähne erstrecken.

(3) Versicherte, die das sechste, aber noch nicht das achtzehnte Lebensjahr vollendet haben, haben Anspruch auf Fissurenversiegelung der Molaren.

GEBISSPFLEGE

ZIELE UND REGELN

Durch richtige Gebisspflege wird Erkrankungen der Zähne, des Zahnfleisches und des Zahnbettes am wirksamsten vorgebeugt. Dabei sollen

- ***Speisereste entfernt*** werden, die sich an Zähnen und in Zahnzwischenräumen befinden, um Mikroorganismen Nährsubstanz zu entziehen,
- ***Zahnbeläge beseitigt*** werden, womit eine Voraussetzung entfällt, dass Säuren gebildet werden können, die Zähne angreifen,

- die ***Zahnfleischsäume gereinigt*** und
- den ***Zähnen Fluoride zugeführt*** werden.

Bevorzugte Stellen der Bakterienansiedlung sind die Rillen und Furchen der Kauflächen (Fissuren), die zueinander gewandten Flächen eng nebeneinander stehender Zähne und der Zahnfleischsaum. Zur richtigen Gebisspflege gehört deshalb immer die Reinigung

- der Zähne,
- der Zahnzwischenräume und
- der Zahnfleischsäume.

Das geschieht

- nach den Mahlzeiten,
- mit geeigneten Hilfsmitteln (Zahnbürste, Zahnseide, Zahnzwischenraumbürste u. a. m.),
- mit Fluorid-Zahnpasta und
- unter Anwendung einer richtigen Putztechnik.

Können nach Mahlzeiten die Zähne nicht geputzt werden, so sind durch mehrmaliges, kräftiges Mundausspülen Speisereste zu entfernen. Dadurch wird Nahrungssubstanz für die Bakterien vermindert. Kaugummikauen und der dadurch angeregte Speichelfluß sind von ähnlichem Nutzen.

HILFSMITTEL

Handzahnbürsten

Die Zahnbürste dient der mechanischen Reinigung der Zähne, der Zahnzwischenräume und der Zahnfleischsäume. Sie besteht aus einem Kunststoffgriff und dem Bürstenkopf. Der Bürstenkopf enthält zu Bündeln zusammengefasste Borsten (Filamente), die in Löchern verankert oder aufgeschweißt sind. Zahnbürsten gibt es mit geradem und abgewinkeltem Griff. Im Handel wird eine große Anzahl unterschiedlich geformter Zahnbürsten angeboten, und ständig kommen neue oder abgewandelte Formen hinzu.

Für die verschiedenen Lebensalter werden bestimmte Zahnbürsten benötigt:

- ***„Baby-Zahnbürsten"*** (Abb 22.1), die von den Eltern vom Durchbruch des ersten Milchzahnes an eingesetzt werden (Minibürstenkopf, extra weiche Borsten, spezieller Griff für die unterstützende Elternhand)
- ***„Putz-Lern-Bürsten"*** (Abb 22.2) ab drittem bis zum sechsten Lebensjahr (kompakter und rutschfester Griff, kurzer und schmaler Bürstenkopf)
- ***Zahnbürsten*** (Abb 22.3) für ältere Kinder (etwa ab dem sechsten Lebensjahr), für Jugendliche und für Erwachsene (Griff schmal, Bürstenkopf klein bis mittelgroß, z. T. mit unterschiedlich langen oder angewinkelten Borsten)

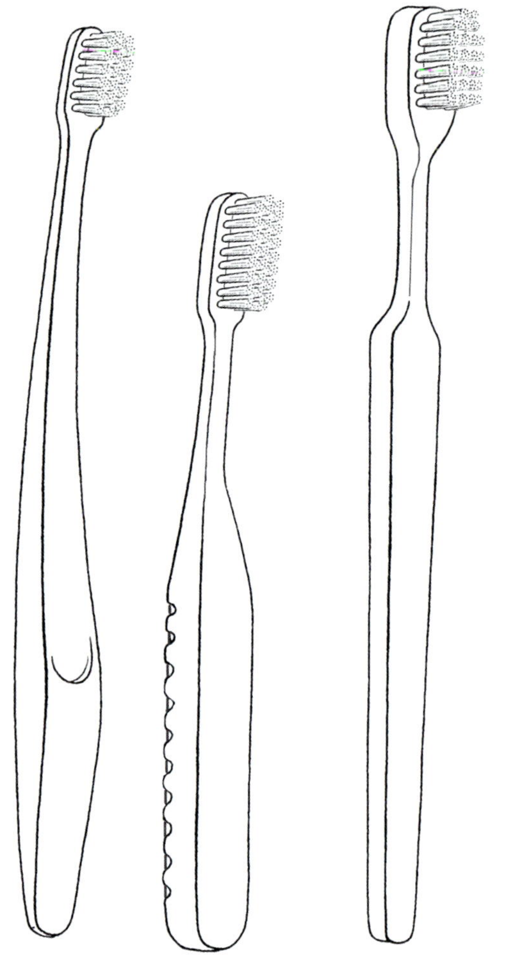

Abb. 22.1–22.3:
Zahnbürsten für verschiedene Lebensalter

Geeignete Zahnbürsten haben folgende Anforderungen zu erfüllen:

- Zahnbürsten müssen ***gut in der Hand liegen***, daher ist auf Griffform und -länge zu achten. So eignen sich z. B. für jüngere Kinder, die noch nicht über eine ausgereifte Feinmotorik der Hand verfügen, Zahnbürsten mit kompaktem („dickem") Griff.
- Der ***kurze Bürstenkopf*** erleichtert das Erreichen

und Reinigen der hinteren Zähne und der Innenflächen des Gebisses (Abb. 23). Der Bürstenkopf soll so bemessen sein, dass er etwa zwei bis drei Zähne überdeckt. Die Kurzkopfzahnbürste hat sich heute durchgesetzt.

- Es sollten nur Zahnbürsten mit ***Kunststoffborsten*** und nicht mit Naturborsten verwendet werden. Naturborsten sind Haare. Ihre Enden sind scharfkantig und fasern leicht auf. Sie enthalten einen Markkanal, der Feuchtigkeit speichert und Bakterien einen günstigen Lebensraum bietet. Kunststoffborsten sind im Gegensatz dazu glatt, formfest und hygienisch. Sie lassen sich an der Spitze **maschinell abrunden** (Abb. 24). So werden Zähne und Zahnfleisch beim Putzen schonend behandelt. Die Sicherheit handelsüblicher Zahnbürsten ist geprüft.

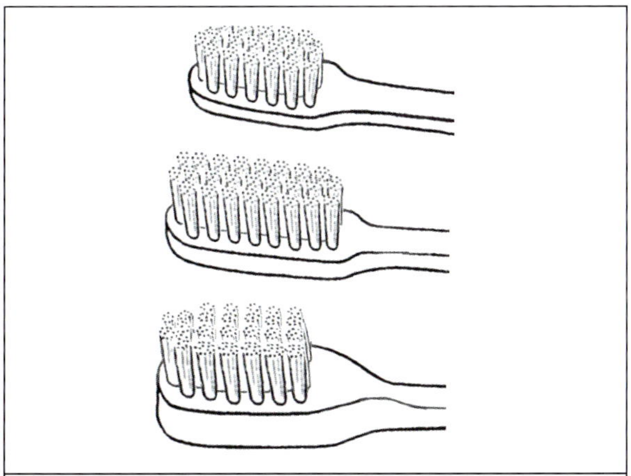

Abb. 23: Kurze Bürstenköpfe

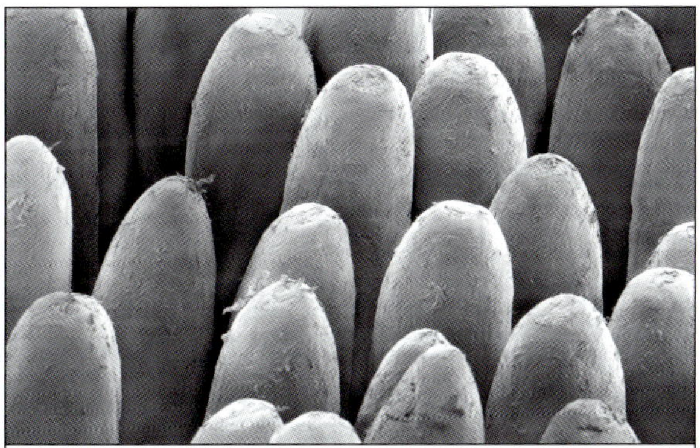

Abb. 24: Kunststoffborsten – maschinell abgerundet (rasterelektronenmikroskopische Aufnahme)

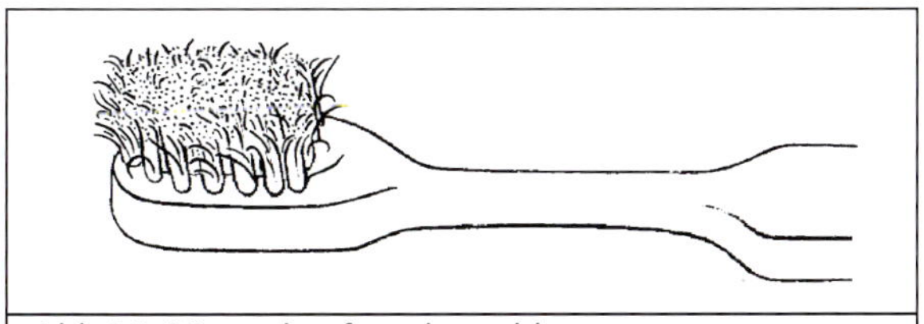

Abb. 25: Bürstenkopf – unbrauchbar

- Die ***Härte des Borstenfeldes*** ist abhängig vom Durchmesser, der Anzahl, der Länge und der Beschaffenheit der Borsten (so werden z. B. manche Borsten automatisch weich, wenn sie mit Wasser in Berührung kommen). Der Trend geht heute von harten zu eher weicheren Borsten. Bei Zahnfleischerkrankung raten Zahnmedizinerinnen/Zahnmediziner, weiche bis mittelharte Borsten zu verwenden.

- Das ***Borstenfeld*** wird von den Herstellern unterschiedlich gestaltet. Klassisch ist das plane Borstenfeld mit parallel angeordneten Borstenbüscheln und abgerundeten Borstenenden. Bewährt haben sich aber auch Zahnbürsten mit V-förmigen oder angewinkelten Borstenbüscheln und Borstenfeldern, die nicht plan angeordnet sind. Außerdem gibt es Ausführungen, die für verschiedene Anwendungen besonders geeignet sind (z. B. Borstenfelder zur speziellen Reinigung von Zahnzwischenräumen).

Wie lange die Zahnbürste benutzt werden kann, ist nicht nach Wochen oder Monaten anzugeben. Der Zahnbürstenverbrauch in Deutschland ist mit derzeit 1,6 bis 2 Bürsten pro Jahr und Person viel zu niedrig. Eine Zahnbürste muss dann durch eine neue ersetzt werden, wenn sich ihre Borsten verformen (Abb. 25). Im Allgemeinen ist dies nach zwei bis drei Monaten regelmäßiger Zahnpflege der Fall.

Zahnbürsten, bei denen die Borsten nicht mehr senkrecht stehen, sind in ihrer Putzwirkung eingeschränkt und können das Zahnfleisch verletzen. Einige Bürsten haben teilweise farbmarkierte Borsten, die bei Benutzung nach und nach verblassen und so anzeigen, wann die Bürste ausgewechselt werden sollte.

Bei der ***Pflege der Zahnbürste*** nach Gebrauch ist zu beachten: abspülen, dabei Zahnpasta entfernen, Bürste mit dem Kopf nach oben in den Becher stellen, damit die Borsten an der Luft trocknen und Bakterien nicht gedeihen können.

Elektrische Zahnbürsten

Als Alternative zur Handzahnbürste erachten Experten wie Benutzer die moderne Elektrozahnbürste. Ihre Handhabung ist leicht. Sie ist ***für Kinder ebenso geeignet wie für Erwachsene***, für Geübte ebenso wie für weniger Geübte. Unter den vielen Modellen auf dem Markt gibt es zudem spezielle Elektrozahnbürsten für Kinder ab drei Jahren.
Die einzelnen Ausführungen elektrischer Zahnbürsten unterscheiden sich u.a. in der ***Komplexität ihrer Bewegungen***. Es gibt verschiedene Varianten – mit oszillierend-rotierenden, elliptischen, vertikalen und horizontalen Bürstbewegungen, z.T. auch in Kombination. Wie bei den Handzahnbürsten sind auch handelsübliche elektrische Zahnbürsten auf ihre Sicherheit geprüft.

Ein weiteres wichtiges Merkmal einer elektrischen Zahnbürste ist die ***Gestaltung des Bürstenkopfes***. Diesen gibt es in unterschiedlicher Größe und mit runder oder ovaler Form. Einige verfügen über differenzierte Bürstenfelder, z.B. mit verschiedenen Borstentypen, besonderer Borstenanordnung oder unterschiedlich hohen Borstenreihen. Außerdem bieten einige Hersteller zusätzliche Aufsteckbürsten für verschiedene Anwendungsbereiche an (z.B. für Zahnzwischenräume, festsitzende Zahnspangen usw.).

Dabei gilt auch für die auswechselbaren Bürstenköpfe, dass sie bei verformten, abgenutzten Borsten ***ausgetauscht*** werden sollten. Andernfalls ist die Putzwirkung eingeschränkt und es besteht die Gefahr von Zahnfleischverletzungen. Mit weniger als zwei Bürstenköpfen im Jahr liegt der durchschnittliche Verbrauch, wie auch bei den Handzahnbürsten, derzeit viel zu niedrig.

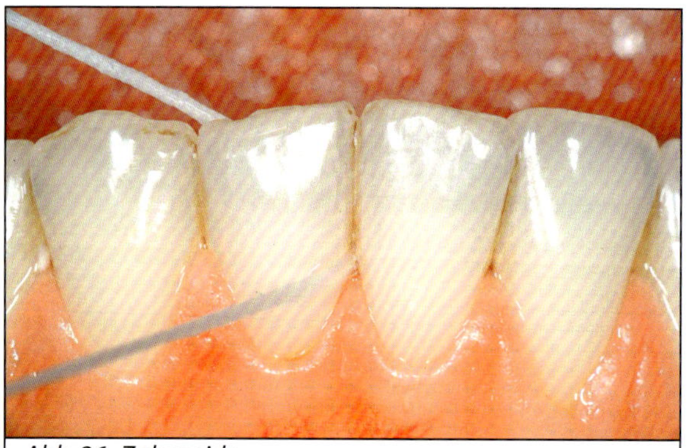

Abb. 26: Zahnseide

Mundduschen

Auch hier sind etliche Produkte auf dem Markt. Mundduschen beseitigen grobe Speisereste. Zur Entfernung von Zahnbelägen sind sie nicht geeignet und deshalb auch kein Ersatz für Zahnbürsten. In einigen Fällen kann die Mundddusche hilfreich sein, z.B. beim Reinigen von festsitzenden Zahnspangen.

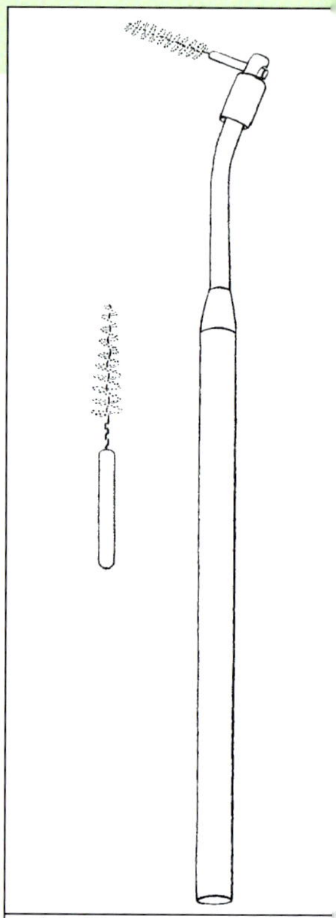

Abb. 27: Zahnzwischenraumbürsten

Zahnseide

Zahnseide, als Kunststofffaden (Abb. 26) oder -band im Handel, dient bei gegebener zahnärztlicher Indikation als Hilfsmittel zur Reinigung der Zahnzwischenräume und der sie begrenzenden Zahnflächen und damit der Flächen, die beim Zähnebürsten nicht gereinigt werden können. Zahnseide gibt es in gewachster und ungewachster Ausführung, fluoridiert und nicht-fluoridiert, auf der 50-Meter-Rolle und als Einzelfäden verpackt.
Mit Gleitmittel behandelte („gewachste") Zahnseide, die leichter über die Kontaktpunkte benachbarter Zähnen hinweg gleitet, sollte zum Einüben verwendet werden. Mit Beherrschung der Technik kann ungewachste Zahnseide, die eine höhere Reinigungswirkung hat, eingesetzt werden. Die Anwendung von Zahnseide, „Fädeln" genannt, erfordert Motivation, manuelles Geschick und Geduld. Das Einüben der Fädeltechnik am eigenen Gebiss sollte in der Zahnarztpraxis im Rahmen der Individualprophylaxe erfolgen.

Zahnzwischenraumbürsten

Sie werden auch Interdentalbürsten (Abb. 27) genannt und sind – entsprechend den unterschiedlichen Weiten von Zahnzwischenräumen im mittleren und höheren Alter – in verschiedenen Größen und Formen auf dem Markt. Sie dienen der Reinigung von Zahnzwischenräumen, die mit der Zahnbürste praktisch nicht erreicht werden. Die Anwendung von Interdentalbürsten kann im Rahmen der Individualprophylaxe in der zahnärztlichen Praxis eingeübt werden.

Zahnhölzer

Zahnhölzer, in der Umgangssprache ***Zahnstocher*** genannt, werden dazu verwendet, störende Speisereste aus Zahnzwischenräumen zu entfernen. Auf keinen Fall kann der Gebrauch von Zahnhölzern das Reinigen des Gebisses mit Zahnbürste, Zahnzwischenraumbürste oder mit Zahnseide ersetzen. Wer Zahnhölzer verwenden möchte, sollte damit – wegen der Gefahr der Zahnfleischverletzung – behutsam umgehen.

Plaqueeinfärbepräparate

Zahnbeläge können sichtbar gemacht werden, um die Motivation zu gründlicher Gebissreinigung zu erhöhen. Es gibt z. B. Einfärbetabletten (s. S. 40), mit deren Hilfe alte Plaque (Farbton blau) von junger Plaque (Farbton lila-rot) unterschieden werden kann (Abb. 12.1 und 12.2).

Zahnpasten

Zahnpasten sind in großer Vielfalt im Handel. Sie zählen zu den kosmetischen Mitteln im Sinne des Lebensmittel- und Bedarfsgegenständegesetzes und ***wirken prophylaktisch.*** Es gibt auch Zahnpasten, die therapieunterstützend verwendet werden. Mit Zahnbürste und Zahnpasta lassen sich die Zähne schneller und effektiver reinigen als allein mit Zahnbürste und Wasser.

Zu den ***Inhaltsstoffen*** von Zahnpasten gehören: Putzkörper, Bindemittel, Feuchthaltemittel, Geschmacks- und Aromastoffe, Süßungsmittel, Tenside (oberflächenaktive Substanzen), Konservierungsmittel, Farbstoffe, Wasser und Fluoridverbindungen.

Putzkörper (z. B. Calciumsalze, Phosphate, Kieselgele) müssen einerseits von so milder Abrasivität sein, dass sie weder Zähne noch Zahnfüllungen oder Zahnersatz angreifen. Andererseits müssen sie so beschaffen sein, dass sie neben der Zahnreinigung aufgeraute Zahnoberflächen polieren und damit die Neubesiedlung der Zähne mit Plaquebakterien erschweren.

Bindemittel sorgen für die homogene Konsistenz der Inhaltsstoffe. ***Feuchthaltemittel*** verhindern die Austrocknung. Als ***Geschmacks- und Aromastoffe*** finden u. a. ätherische Öle Verwendung (z. B. Anis-, Eukalyptus-, Nelken-, Minzöl). Als ***Süßungsmittel*** werden z. B. Saccharin, Aspartam, Sorbit oder Xylit beigefügt. Das sind Süßungsmittel, die von Plaquebakterien gar nicht oder kaum zu Säuren verstoffwechselt werden.

Zahnpasten enthalten niemals Zucker. Kinderzahnpasten sollten im Geschmack mild sein. Frucht- oder bonbonartiger Geschmack verleitet Kinder (insbesondere Kleinkinder) eher dazu, die Zahnpasta herunterzuschlucken oder sie gar aus der Tube zu lutschen. ***Tenside*** verbessern die Zahnreinigung, indem sie durch ihre schäumende Wirkung das Wegspülen der losgelösten Plaque unterstützen, die Zahnpasta besser verteilen und die Oberflächenspannung des Speichels verringern. ***Farbstoffe*** verschaffen Zahnpasten ein „interessantes" Aussehen.
Als ***Wirkstoffe*** dürfen in Zahnpasten enthalten sein: Mittel zur Kariesprophylaxe, zur Remineralisation geringer, oberflächlicher Schmelzschäden, zur Vorbeugung von Zahnfleischentzündung, zur Desensibilisierung überempfindlicher Zähne und zur Hemmung der Zahnsteinbildung.

Die für die Kariesreduktion weltweit ***wichtigsten Wirkstoffe in Zahnpasten sind Fluoridverbindungen:*** anorganische (z. B. Natriumfluorid, Natriummonofluorphosphat, Zinnfluorid) und organische (Aminfluoride). Fluoridzusätze in Zahnpasten sind deklarationspflichtig (z. B. „enthält Natriumfluorid"). Über 90 % aller Zahnpasten, die bei uns im Handel sind, enthalten Fluorid. Auf dem Markt sind auch fluoridierte Kinderzahnpasten. Ihr Fluoridgehalt ist verglichen mit dem von Zahnpasten für Erwachsene reduziert. Sie sollten bis zur Einschulung verwendet werden. Nach dem Zähneputzen mit fluoridhaltiger Zahnpasta sollte nur ausgespuckt, nicht aber nachgespült werden, damit genügend Fluorid für die Bildung der Deckschicht zur Verfügung steht. Für die Gebisspflege ist außerdem die Anwendung von fluoridhaltigen Mundspüllösungen (s. u.) wichtig. Ferner wird Gel mit hohem Fluoridanteil angeboten. Hierbei handelt es sich nicht um Zahnpasta, sondern um ein Arzneimittel (s. auch S. 123).
Auf dem Markt werden auch ***Zahnpasten für „weiße Zähne"*** angeboten. Von Natur aus gelbliche oder mehr graue Zähne werden durch Verwendung derartiger Zahnpasten nicht weiß. Einige unter ihnen sind geeignet, Tee- oder Raucherbeläge zu entfernen. Mit „weißmachenden" Zahnpasten wird ein zurückhaltender Umgang (1–2mal pro Woche) empfohlen, weil u. a. die Abrasivitätswerte dieser Zahnpasten häufig relativ hoch sind und einige von ihnen bei Dauergebrauch die Zahnhartsubstanzen beeinträchtigen können.

Mundspüllösungen

Mundspüllösungen sind gebrauchsfertige Lösungen mit Wirkstoffen, welche die Mundhygiene verbessern. Fluoridhaltige Mundspüllösungen erhöhen den kariesprophylaktischen Effekt.

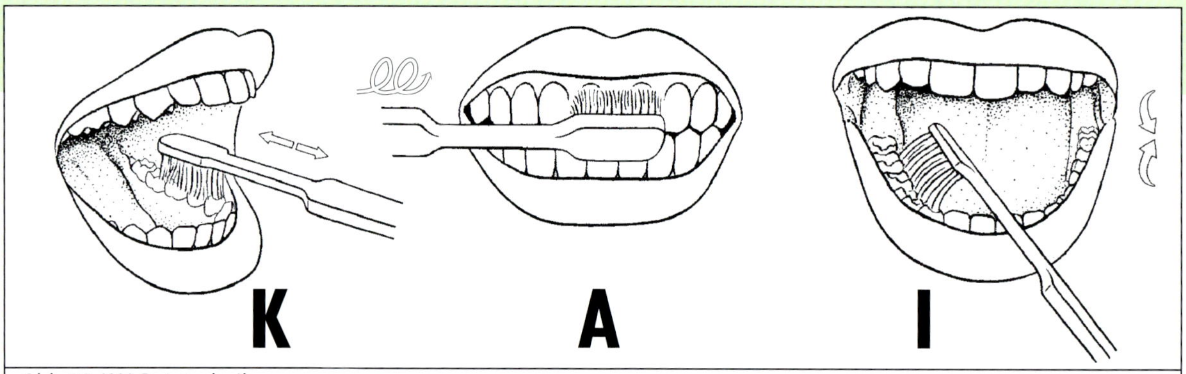

Abb. 28: KAI-Putztechnik

Mundwässer

Mundwässer sind Konzentrate. Sie müssen verdünnt werden und bewirken in erster Linie angenehmen Geschmack und überdecken Mundgeruch. Sie können auch desinfizierende Substanzen und Fluoride enthalten. Die Verwendung von Mundwässern ersetzt das Zähneputzen nicht.

Apfel essen – Kaugummi kauen

Apfel essen bewirkt wegen der festen Konsistenz dieses Obstes und wegen des durch die Fruchtsäuren ausgelösten vermehrten Speichelflusses eine gewisse Gebissreinigung. Apfel essen ersetzt nicht das Zähneputzen.

Kaugummi kauen bewirkt verstärkten Speichelfluß und unterstützt die Spülwirkung des Speichels. Hierdurch ist eine gewisse Gebissreinigung gegeben. Verwendet werden sollten nur zuckerfreie Kaugummis. Es gibt auch zuckerfreie Kaugummis, die aufgrund ihrer Zusammensetzung Säuren, die von Plaquebakterien gebildet werden, neutralisieren. Zu beachten ist: Auch Kaugummi kauen ersetzt nicht das Zähneputzen.

PUTZTECHNIKEN

Eine bei uns weit verbreitete Zahnputztechnik ist die nach ***KAI*** (Abb. 28). Sie wird in drei Schritten praktiziert:

- Reinigung der ***K***auflächen
- Reinigung der ***A***ußenflächen
- Reinigung der ***I***nnenflächen

1. Schritt: ***K***

Die Zahnreihen sind geöffnet. Durch horizontales Hin- und Herbewegen der Bürste (Schrubben) werden die ***Kauflächen*** der Backenzähne gesäubert. Begonnen wird hinter den Eckzähnen.

2. Schritt: ***A***

Die Zahnreihen sind geschlossen. Die Zähne stehen aufeinander. Durch kreisende kleine Auf-und-ab-Bewegungen mit der Zahnbürste werden die ***Außenflächen*** der Zähne gereinigt (nur von rot nach weiß bürsten), durch vertikale Bewegungen vom Zahnfleisch zu den Zahnkronen die Zahnzwischenräume.
Grundsätzlich wird vom Zahnfleisch weg zu den Zahnkronen geputzt, um wirkungsvoll Plaque aus dem Bereich des Zahnhalses zu entfernen. Bei den Backenzähnen wird begonnen und in Richtung zu den Schneidezähnen hin fortgefahren. Nach dem Säubern der Schneidezähne wird die Bürste umgesetzt und von den Eckzähnen bis zu den Backenzähnen (der anderen Seite) geführt.

3. Schritt: ***I***

Die Zahnreihen sind geöffnet. Durch vertikales Bürsten werden die ***Innenflächen*** der Zähne gereinigt. Die (auswischende oder ausfegende) Bewegung geht vom Zahnfleisch zu den Zahnkronen.
Hinweis: Um zu verhindern, dass hierbei die Umgebung mit Zahnpasta bespritzt wird, empfiehlt es sich, die jeweils freie Hand leicht gewölbt und nah an den Mund zu halten.

Die KAI-Putztechnik erfordert eine beachtliche Feinmotorik der Hand. Für die Einübung ist Kontrolle im Spiegel angeraten. Eine ausreichende Gebisspflege ist nur gegeben, wenn man sich unter sorgfältiger ***Anwendung der Putztechnik*** dafür ***zwei bis drei Minuten*** Zeit nimmt. Diese Zeit wird für die Entfernung der Plaque benötigt.

Die Putztechnik nach KAI kann prinzipiell ***genauso bei Gebrauch einer elektrischen Zahnbürste*** angewandt werden. Je nach Modell und Hersteller werden aber auch ergänzende oder leicht abweichende Empfehlungen gegeben. Einige elektrische Zahnbürsten verfügen zudem über eine automatische Andruckkontrolle für eine besonders schonende Reinigung sowie einen Timer, der die Mindestputzdauer von zwei Minuten akustisch, optisch oder durch Unterbrechung der Putzbewegungen signalisiert. Diese Ausstattungselemente vereinfachen die Handhabung einer elektrischen Zahnbürste noch zusätzlich.

ZEITPUNKTE

Die ideale Empfehlung lautet: Nach jeder Mahlzeit werden die Zähne gereinigt. Man entfernt sofort Speisereste aus dem Gebiss. Zahnbeläge können nicht entstehen. Ein hervorragender Beitrag zum Schutz vor Zahnkrankheiten wird geleistet. ***Unbedingt*** müssen die Zähne jedoch morgens ***nach dem Frühstück und abends nach der letzten Nahrungsaufnahme*** geputzt werden.

Es sollte zur Gewohnheit werden, sich öfter am Tag – vor allem nach den Mahlzeiten, wenn keine Zahnbürste verfügbar ist –, ***den Mund mehrmals kräftig auszuspülen***.

Diejenigen, die ihre Zähne vor dem Frühstück während der morgendlichen Körperpflege putzen, sollten diese Gewohnheit umgehend aufgeben. Nach dem abendlichen Zähneputzen darf nichts mehr gegessen werden (z. B. Betthupferl; auch Äpfel sind zu diesem Zeitpunkt wegen ihres Säuregehaltes schädlich!); ferner dürfen keine zuckerhaltigen Getränke mehr konsumiert werden.

FLUORIDIERUNG

VORKOMMEN UND EIGENSCHAFTEN DER FLUORIDE

Verbindungen des Elementes Fluor, zu denen die Fluoride gehören, sind weit verbreitet. Sie kommen in Mineralien wie Flussspat, Glimmer und Fluorapatit vor. Aus Apatit besteht auch der Zahnschmelz. Einen besonders hohen Fluoridgehalt findet man in vulkanischen Gesteinen und damit auch im Trinkwasser vulkanischer Gebiete (z. B. Eifel). Im Meerwasser und im „normalen" Trinkwasser sind ebenfalls Fluoridverbindungen enthalten.
Zur Terminologie: Hier wird der Begriff „Fluorid" verwendet. Es gibt eine Reihe von Fluoridverbindungen. Im Sinn- und Sachzusammenhang der Gebissgesundheitserziehung kommt es wegen seiner Wirkung nur auf das Fluoridion, das Fluorid, an.
Fluorid ist ein natürlicher Bestandteil unserer Nahrung. Es ist in beachtenswerter Menge z. B. im schwarzen Tee und in bestimmten Mineralwässern enthalten.

Fluorid gehört zu den lebensnotwendigen Spurenstoffen, die zum Aufbau und Erhalt der Zähne und des Skeletts benötigt werden. Es hat eine mineralisierende Wirkung. 99 % des Fluorids in unserem Körper finden sich in Knochen und Zähnen. Sie erhalten durch Fluorid ihre Härte und Widerstandsfähigkeit. Auch im Blutplasma und im Speichel ist Fluorid in geringen Mengen enthalten. Das mit der Nahrung aufgenommene aber nicht eingelagerte Fluorid wird zum großen Teil mit dem Urin ausgeschieden.

In den 30er Jahren des letzten Jahrhunderts wurde von dem amerikanischen Zahnarzt Dean die ***kariesprophylaktische Wirkung des Fluorids*** entdeckt.

Dean erkannte, dass Fluorid in einer bestimmten Konzentration im Trinkwasser die Ursache von widerstandsfähigem Zahnschmelz war. Der Kariesbefall der Bevölkerung, die er beobachtete, war auffallend gering. Heute wird z. B. in bestimmten Bereichen der USA, Irlands und Chiles das Trinkwasser künstlich fluoridiert. Auch hier konnte ein Kariesrückgang festgestellt werden. In der Bundesrepublik Deutschland gibt es keine Trinkwasserfluoridierung.

Ein geringer Fluoridanteil findet sich in fast jedem natürlichen Wasser. Der für die Kariesprophylaxe optimale Fluoridgehalt beträgt 1 mg pro Liter Wasser.
Wo dieser gewährleistet ist, erübrigen sich Fluoridtabletten bzw. fluoridiertes Speisesalz. Die Fluoridkonzentrationen in den deutschen Trinkwässern liegen nach Aussagen des Wissenschaftlichen Instituts der Ortskrankenkassen zu 90 % unter 0,25 mg pro Liter Wasser. Auskunft über den Fluoridgehalt des Trinkwassers können die örtlichen Wasserwerke und Gesundheitsämter erteilen.

ZUFUHR VON FLUORID – TRÄGER VON FLUORID

Mit Nahrungsmitteln (inkl. Getränke) nehmen wir die für Knochenbildung und Stoffwechselvorgänge benötigte Menge Fluorid auf. Für eine wirksame Kariesprophylaxe reicht sie jedoch nicht aus. Deshalb gibt es Möglichkeiten für eine zusätzliche Fluoridzufuhr. Hierbei unterscheidet man die äußerliche, lokale Zufuhr von der innerlichen, systemischen Zufuhr. Präparate, die oral eingenommen, zerkaut und geschluckt werden, wirken zuerst lokal, dann systemisch. Heutige Erkenntnisse räumen der ***lokalen Fluoridierung, also der Wirkung des Fluorids an der Zahnoberfläche,*** den **ersten Platz** ein.
Die lokale Fluoridaufnahme erfolgt über Zahnpasten, Gel (apothekenpflichtiges Fluoridkonzentrat, also Arzneimittel, ohne ärztliche Verordnung in kleinen Mengen erhältlich), Spüllösungen und Lacke. Die lokal-systemische Fluoridaufnahme erfolgt bei uns hauptsächlich über fluoridiert-jodiertes Speisesalz. Die Verwendung von Jodsalz mit Fluorid am gesamten Speisesalzabsatz in Haushaltsgebinden hat in den letzten Jahren erfreulicherweise beachtlich zugenommen (2001: 50,7 %, 2002: 54,6 %).

WIRKUNGEN DES FLUORIDS

Für die Gesunderhaltung der Zähne ist Fluorid von großer Bedeutung:

- es ***stabilisiert*** den Zahnschmelz gegen Säuren;
- es ***remineralisiert*** geringfügige Schmelzdefekte durch Bildung einer Calciumfluorid-Deckschicht auf der Schmelzoberfläche und sorgt als Fluorid-depot für die Verbesserung der Remineralisation;
- es ***hemmt*** den Stoffwechsel kariesverursachender Bakterien.

Bei der Reaktion von Fluorid mit Calciumionen aus dem Speichel und aus der obersten Schmelzschicht entsteht eine ***Calciumfluorid-Deckschicht***, die als Fluoridvorrat dient und schützende Funktion bei Säureangriffen hat. Aus diesem Depot gehen bei Säureangriffen auf Zähne (s. S. 110) Fluorid und Calciumionen in Lösung. Sie sind für die Remineralisation (s. S. 107) des durch Säureangriffe geschädigten Zahnschmelzes besonders wichtig; auch unter diesen Bedingungen eines sauren Milieus. Sollen die Zähne gesund bleiben, muss die Calciumfluorid-Deckschicht stets erhalten bleiben, wobei die Verwendung fluoridhaltiger Zahnpasten und Mundspüllösungen sowie die Aufnahme von fluoridiertem Speisesalz von großer Bedeutung sind.

Auch bei der Anwendung von Fluorid gilt der Satz des Paracelsus (1493–1541): „All Ding sind Gift. Allein die Dosis macht, dass das Ding kein Gift ist." Fluoridüberdosierungen können während der Zahnentwicklung zu Zahnflurosen führen, die sich in leichter Form als Streifungen oder weißliche Flecken im Zahnschmelz darstellen. Um dies zu vermeiden, werden auf der Grundlage von Kenntnissen über die Ernährung der Bevölkerung Dosierungs- und Anwendungsempfehlungen erarbeitet und von Zeit zu Zeit den aktuellen wissenschaftlichen Erkenntnissen angepaßt. Nach wie vor gilt: Bei sachgemäßer Dosierung kommen Schädigungen durch Fluoride bei uns nicht vor. ***Die Zufuhr von Fluoriden in den Mengen, wie sie in der Kariesprophylaxe empfohlen werden, hat nur positive gesundheitliche Auswirkungen.***

Feststellungen über die richtige Dosierung der Fluoridzufuhr zu treffen, war früher einfacher als heute, weil es z. B. keine fluoridhaltigen Zahnpasten und kein fluoridiertes Speisesalz gab.
Die Dosis von 1 mg Fluorid/Liter Trinkwasser, die kariesprophylaktisch als optimal gilt, wird in Deutschland bis auf wenige Ausnahmen im natürlichen Trinkwasser nicht erreicht. Um die Lücke zu schließen, erhielten bzw. erhalten Kinder nach ärztlicher Verordnung Fluoridtabletten. Die Verwendung von Fluoridtabletten ist rückläufig, weil fast ausschließlich fluoridierte Zahnpasten verwendet werden, fluoridiertes Speisesalz akzeptiert ist und die lokale Fluoridanwendung sich gegenüber der systemischen als effektiver erwiesen hat.
Außerdem wird Fluorid u. a. durch Mineralwässer und industriell hergestellte Eistees konsumiert.

FLUORIDANWENDUNG

Neben der Aufnahme von Fluorid, das natürlicherweise in der Nahrung enthalten ist, gibt es folgende Möglichkeiten Fluoride anzuwenden:

- grundsätzlich ***fluoridiertes Speisesalz*** verwenden, das zusätzlich ***jodiert*** ist (Deutschland ist Jodmangelgebiet); während der Mundpassage wirkt das im Salz enthaltene Fluorid direkt an den Zahnoberflächen;
- Zähneputzen ab dem ersten Milchzahn ***einmal täglich*** mit einer erbsengroßen Menge ***fluoridierter Kinderzahnpasta***;
- ab dem 2. Geburtstag bis zur Einschulung verwenden Kinder ***fluoridierte Kinderzahnpasta zweimal täglich,*** danach „Erwachsenenzahnpasta" ***mit Fluorid;***
- ***Fluoridgel (apothekenpflichtig!)*** einmal in der Woche einbürsten; Kinder sollen damit erst beginnen, wenn sie ausspucken können; auch für Erwachsene wird Fluoridgel empfohlen;
- ***Fluoridlack*** oder ***Fluoridlösung*** im Kindes- und Jugendalter zweimal im Jahr bei der Zahnärztin/beim Zahnarzt auf die Zähne auftragen lassen (Abb. 30), bei hohem Kariesrisiko öfter.

Die ***lokale Versorgung der Zähne mit Fluorid*** wird ***breitenwirksam optimal*** erreicht, wenn

- ***fluoridiertes Speisesalz*** im Haushalt verwendet wird;
- ***fluoridierte Zahnpasta*** mehrmals täglich (Putzdauer 2 bis 3 Minuten) und
- ***Fluoridgel*** einmal wöchentlich angewendet werden.

Je mehr Akzeptanz fluoridiertes Speisesalz in der Bevölkerung findet und je häufiger Zahnpflege mit Fluoridzahnpasten durchgeführt wird, desto mehr gesunde Gebisse werden die Folge sein.

ERNÄHRUNG

ALLGEMEINE HINWEISE

Einer besonderen Ernährung zur Verminderung oder Vermeidung von Karies bedarf es nicht, wohl aber des Bewusstseins dafür, welche Nahrungsmittel zahnfreundlich oder zahnschädlich sind, und es bedarf eines sich daraus ergebenden, verantwortungsvollen Handelns.

Es gilt: Richtige Ernährung leistet auch einen wichtigen Beitrag zur Gesunderhaltung des Gebisses. Eine ausgewogene Mischkost bedeutet vollwertige und damit richtige Ernährung. Zu ihr gehören u. a. unbedingt Milch und Milchprodukte, Obst, Gemüse und hochwertige Getreideprodukte aus vollem Korn. Darüber hinaus sollte beachtet werden: Es gibt Nährstoffe, die für Aufbau und Erhalt des Gebisses lebenswichtig sind. Hierzu gehören z. B. Calcium und Eisen sowie Vitamine und Spurenstoffe, zu denen Fluorid zählt (s. auch S. 123 f.). Derbe Kost ist für die Gebissgesundheit unerlässlich. Zu beachten ist deshalb nicht nur die Zusammensetzung, sondern ebenso die Beschaffenheit (Konsistenz) der Nahrung. Beim Abbeißen fester Nahrungsmittel findet eine gewisse Selbstreinigung der Zähne statt, die aber keineswegs Ersatz für richtige Gebisspflege darstellt. Das Kauen fester Nahrungsmittel (z. B. hartes Brot, Mohrrüben, Äpfel) gehört zum „Trainieren" des Zahnbettes. Mit der Aufnahme weicher und breiiger Nahrung ist kein Beanspruchungseffekt für das Zahnbett verbunden.

ZUCKER: GEFAHR FÜR DIE GEBISSGESUNDHEIT

Zucker sind Naturstoffe pflanzlicher Herkunft. Sie gehören zu den Kohlenhydraten (s. S. 109 ff.). Nahrungsmittel (inkl. Getränke), die Zucker (Haushaltszucker) und/oder andere kariogene Kohlenhydrate enthalten, gefährden das Gebiss, insbesondere wenn sie

- ***häufig gegessen*** werden;
- ***zwischen den Mahlzeiten aufgenommen*** werden und anschließend keine gründliche Reinigung des Gebisses erfolgt;
- ***von süßweicher bzw. süßklebriger Konsistenz***

  sind (z. B. Honig, Trockenobst, Kuchen, Kaubonbons, Schokoriegel).

Die Schädlichkeit von Zucker für die Zähne bezieht sich in erster Linie nicht auf die Menge der zuckerhaltigen Nahrung, die man zu sich nimmt, sondern die Häufigkeit des Verzehrs dieser Nahrungsmittel über den Tag und die Klebrigkeit der Produkte. Es ist z. B. sinnvoller, mehrere Stücke Schokolade auf einmal zu essen, als verteilt über den ganzen Nachmittag. Das Kleinkind, das die Nuckelflasche mit zuckergesüßten Getränken (z. B. Tees, Säfte) zum „Dauergebrauch" zur Verfügung hat, gefährdet seine Zähne mehr als das Kind, das weniger oft aber zügig die Flasche austrinkt (5.2 Voraussetzungen für die Entstehung von Karies, S. 114).

Ernährungsphysiologisch ist der Konsum von Haushaltszucker, z. B. durch häufiges Naschen, unnötig. Der für den Stoffwechsel wichtige Traubenzucker wird auch durch den Abbau von Stärke (Kartoffeln, Mehlprodukte) gewonnen. Süß ist als Geschmacksqualität beliebt und wird schon im Säuglingsalter als angenehm empfunden.

Haushaltszucker – erkennbar oder versteckt in Nahrungsmitteln – ist preiswert. Im Jahre 2001 betrug der Pro-Kopf-Verbrauch an Süßwaren in Deutschland etwa 30 kg. Dafür wurden 103 Euro ausgegeben. An der Spitze verzehrter zuckerhaltiger Süßwaren lagen Schokolade und Schokoladenwaren mit rund 8 kg, gefolgt von Backwaren mit etwa 7 kg und Zuckerwaren (dazu gehören Bonbons) mit rund 5,5 kg. In Zusammenhang mit der Vorbeugung von Zahn- und Gebisserkrankungen ist auf jeden Fall zu beachten, dass realitätsgerechte Ernährungsempfehlungen gegeben werden, die Genuss weder verteufeln noch ausschließen. Dabei ist Folgendes wichtig:

- ***Möglichst selten zuckerhaltige Nahrungsmittel essen und trinken.***
- ***Zuckerhaltige Nahrungsmittel (inklusive Süßigkeiten) zu den Hauptmahlzeiten aufnehmen und danach die Zähne putzen.***
- ***Nach Genuss zuckerhaltiger Nahrung, wenn keine Gebisspflege durchgeführt werden kann, den Mund kräftig spülen.***
- ***Nicht kariogene Süßwaren (z. B. zuckerfreie Kaugummis oder Bonbons) bevorzugen.***

SÜSSUNGSMITTEL

Zu den Süßungsmitteln gehören drei Stoffgruppen: ***Zucker*** (s. S. 109 f.), ***Zuckerersatzstoffe*** (auch ***Süßstoffe*** genannt) und ***Zuckeraustauschstoffe.*** Eine Übersicht über häufig verwendete Süßungsmittel bietet die folgende Übersicht:

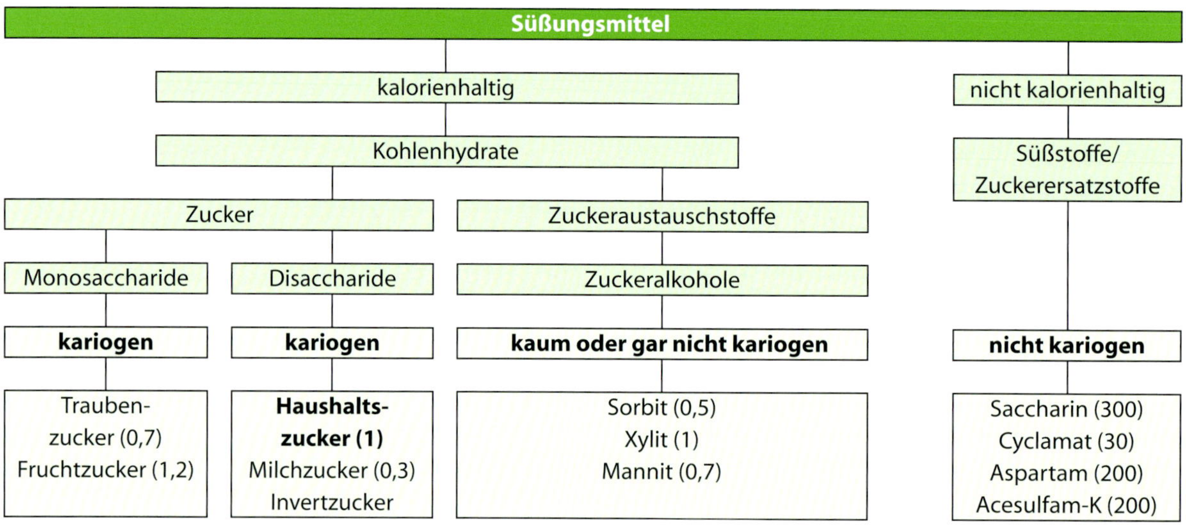

Die Süßkraft der oben genannten häufig verwendeten Süßungsmittel ist in Klammern angegeben. Sie wird in Relation zur Süßkraft des **Haushaltszuckers (1)** *bewertet.*

Zuckeraustauschstoffe

Zuckeraustauschstoffe lassen sich lebensmitteltechnologisch gut verarbeiten. Wegen ihrer Süßkraft können sie Haushaltszucker 1:1 ersetzen. Sie sind zur Herstellung von Speisen, Backwaren und Süßwaren (z. B. zahnfreundliche Kaugummis oder Bonbons mit dem Logo „Zahnmännchen mit Schirm", s. S. 127) geeignet. Zuckeraustauschstoffe werden auch in Kombination mit Süßstoffen verarbeitet. Sie sind in ihrem chemischen Aufbau den Zuckern ähnlich. Sie werden durch Hydrierung (Wasserstoffanlagerung) gewonnen, z. B. Sorbit aus Glukose, Mannit aus Fruktose und Invertzucker, Xylit aus Holzzucker (Xylose), der in Birkenholzabfällen enthalten ist. ***Sorbit, Mannit und Xylit*** kommen natürlicherweise im pflanzlichen, tierischen und im menschlichen Organismus vor. So ist z. B. das Sorbit reichlich in Backpflaumen enthalten, in denen aber auch kariogener Zucker reichlich zu finden ist.

Zuckeraustauschstoffe werden von Plaquebakterien kaum oder gar nicht zu Säuren abgebaut. Das bedeutet: Zuckeraustauschstoffe sind ***kaum oder gar nicht kariogen.*** Zuckeraustauschstoffe sind kalorienhaltig. Als Nebenwirkung kann es bei der Aufnahme von Zuckeraustauschstoffen zu Durchfällen kommen, wenn die verträgliche Tagesdosis überschritten wird. Das sind bei Xylit 60–80 g, bei Sorbit 50 g und bei Mannit 10 g pro Tag.

Die Verwendung von Zuckeraustauschstoffen und Süßstoffen unterliegt den Vorschriften der Zusatzstoff-Zulassungsverordnung. Beide Süßungsmittel zählen zu den sogenannten Zusatzstoffen, die erst nach Zulassung verwendet werden dürfen. Dies setzt voraus, dass sie für die Gesundheit des Menschen unbedenklich sind. Bei uns müssen bei fast allen verpackten Nahrungsmitteln die Inhaltsstoffe deklariert werden. Man kann also feststellen, welche Süßungsmittel ggf. darin enthalten sind.

Süßstoffe

Die Süßstoffe werden auch Zuckerersatzstoffe genannt. Am häufigsten werden ***Saccharin, Cyclamat, Aspartam*** und ***Acesulfam-K*** verwendet. Die Süßstoffe sind nicht kariogen. Sie werden in Tablettenform, als flüssige Produkte und als Streusüße gehandelt. Die Süßkraft der Zuckerersatzstoffe übertrifft erheblich die der Zucker. Da sie im Unterschied zu den Zuckern und Zuckeraustauschstoffen nicht über die notwendige Masse verfügen, kommen sie als alleinige Süßungsmittel für die Herstellung von Süß- oder Backwaren (z. B. Bonbons, Plätzchen) nicht in Frage. Einzeln oder kombiniert sind sie häufig in energiereduzierten Nahrungsmitteln enthalten, z. B. in den sogenannten Light-Getränken.

Alle Süßstoffe werden synthetisch hergestellt. Sie sind mit den Zuckern nicht verwandt und kommen in der Natur nicht vor. Saccharin ist der älteste Süßstoff. Er wird seit über 100 Jahren produziert. Süßstoffe sind kalorienfrei. Eine Ausnahme bildet das Aspartam, das einen geringen Brennwert besitzt. Für Menschen, die an der seltenen Stoffwechselkrankheit Phenylketonurie (PKU) leiden, ist

der Verzehr von Aspartam nicht geeignet. Nahrungsmittel, die Aspartam enthalten, tragen einen entsprechenden Warnhinweis.
Wissenschaftlich konnte der Verdacht nicht bestätigt werden, dass Saccharin und Cyclamat krebserregend sind. Diese Süßstoffe sind grundsätzlich unbedenklich, wenn sie bestimmungsgemäß verwendet werden. Zu beachten sind dabei die sogenannten ADI-Werte (Acceptable Daily Intake). Sie bezeichnen die Menge je Kilogramm Körpergewicht, die täglich – ohne dass ein gesundheitliches Risiko entsteht – mit der Nahrung aufgenommen werden darf:

Süßstoffe	ADI-Wert pro kg Körpergewicht
Saccharin	bis 5 mg/kg
Cyclamat	bis 11 mg/kg
Aspartam	bis 40 mg/kg
Acesulfam-K	bis 15 mg/kg

Das Logo ***„Zahnmännchen mit Schirm“*** auf Verpackungen weist auf „zahnfreundliche“ Süßwaren hin, die Zuckeraustauschstoffe oder Süßstoffe, aber keinen Zucker enthalten, und damit für die Zähne nicht schädlich sind. Kaugummis, Bonbons, Pfefferminzdrops und andere Produkte mit diesem Symbol sind mittlerweile weitverbreitet. Gegenwärtig werden in Deutschland 111 zahnfreundliche Produkte (insgesamt 3000 Tonnen) von 21 Herstellern verkauft (darunter Bonbons, Kaugummi, Schokolade, Lutscher, Pastillen). Der Pro-Kopf-Verbrauch pro Jahr beträgt bei uns 37,5 g. In der Schweiz, dem Ursprungsland der „Aktion zahnfreundlich“, liegt er bei 500 g.

„Zahnmännchen mit Schirm“

Als zahnfreundlich werden solche Produkte gekennzeichnet, die, nach einem wissenschaftlichen Verfahren (orale pH-Telemetrie) geprüft, innerhalb von 30 Minuten keinen pH-Abfall unter 5,7 aufweisen und nicht weiter in das saure Milieu absinken. Die derart getesteten Produkte verursachen keine Demineralisationen im Zahnschmelz, weil sie von Plaquebakterien nicht zu Säuren verstoffwechselt werden können. Nach Schweizer Vorbild wurde 1985 in der Bundesrepublik die ***Aktion zahnfreundlich e.V.*** (s. S. 138) gegründet. In ihr arbeiten Zahnmediziner, Produzenten von Zuckeraustauschstoffen und Hersteller von zahnfreundlichen Süßwaren zusammen, um ein gebissgesundes Ernährungsverhalten der Bevölkerung zu fördern.

5.4 Zahnärztin/Zahnarzt – Zahnärztliche Behandlung

ALLGEMEINE HINWEISE

Der Besuch bei der Zahnärztin/dem Zahnarzt sollte eigentlich der Kontrolle der Gebissgesundheit dienen. Die Wirklichkeit sieht leider anders aus. Das Aufsuchen einer zahnärztlichen Praxis geschieht häufig erst, wenn Zahnschmerzen vorliegen. Anstelle der Kontrolle tritt die Behandlung.
Jede Patientin/jeder Patient weiß, dass es Angenehmeres gibt, als sich auf dem zahnärztlichen Behandlungsstuhl in den Mund schauen, das Gebiss untersuchen oder gar behandeln zu lassen. Wichtig ist es, junge Menschen auf die zahnärztliche Behandlung vorzubereiten. Informationen über moderne Behandlungsmethoden bauen Angst und Furcht ab. Eine positive Einstellung kann angebahnt werden, wenn ein Vertrauensverhältnis zur Zahnärztin/zum Zahnarzt systematisch aufgebaut und entwickelt wird.

Vertrauen zu einer Ärztin/einem Arzt und ihren/seinen Behandlungsmethoden kann gewinnen, wer über seine Krankheit Bescheid weiß und den Ablauf der Behandlung kennt. Informierte Patienten wissen, dass Ärzte helfende und vorsorgende Fachleute mit einer qualifizierten Ausbildung sind. Sie werden mehr Schmerztoleranz aufbringen und damit weniger Angst vor der Behandlung insgesamt und weniger Furcht vor einzelnen Behandlungsschritten haben.
Im übrigen könnten Zahnschmerzen häufig vermieden werden, wenn das Gebiss regelmäßig halbjährlich zahnärztlich untersucht würde. Hier wird die moderne Rolle von ***Zahnärztin und Zahnarzt*** als ***vorsorgende Helfer*** besonders deutlich.

Kinder und Jugendliche sind heute besser informiert und vorbereitet als frühere Generationen. In einer Zeit zunehmender Prophylaxe und präventionsorientierter Zahnheilkunde können Kinder und Jugendliche durch Besuche in Zahnarztpraxen in Zusammenhang mit der Individual- und Gruppenprophylaxe ***frühzeitig Einblicke in zahnärztliches Handeln*** erhalten.
Bereits im Grundschulalter machen sie auch Bekanntschaft mit individualprophylaktischen Maßnahmen in der Zahnarztpraxis (z. B. Fluoridlackierung, Fissurenversiegelung), die nicht schmerzen. Sie erfahren, wie z. B. „Zahnarztstuhl" und Speichelsauger funktionieren und lernen Untersuchungsinstrumente kennen. Sie wissen, dass ein Loch im Zahn nicht von selbst heilt wie eine Hautverletzung.

PRÄVENTIV-ZAHNMEDIZINISCHE BETREUUNG

MASSNAHMEN

Die im Sozialgesetzbuch Teil V, § 22 erwähnten Maßnahmen (s. S. 117) zur Individualprophylaxe (Zielgruppe: 6- bis 18jährige) umfassen:

- regelmäßige zahnärztliche Vorsorgeuntersuchungen;
- Aufklärung über Erkrankungsursachen des Gebisses;
- Motivierung, selbst zur Gebissgesundheit beizutragen;
- regelmäßige Erläuterungen zu Maßnahmen der Gebisspflege und der Schmelzhärtung;
- Fissurenversiegelung der großen Backenzähne.

BONUSHEFT

Vorsorgeuntersuchungen der gesetzlich Versicherten werden mit Vollendung des 12. Lebensjahres in ein sog. Bonusheft, eine Art Vorsorgepass, der in Zahnarztpraxen erhältlich ist, eingetragen. Wer regelmäßige Untersuchungen nachweisen kann, hat Anspruch auf verminderten Eigenanteil bei seinen Zahnersatzkosten.

FLUORIDANWENDUNG

Die Zahnärztin/der Zahnarzt setzt in der Individualprophylaxe zur Fluoridierung ***Lacke, Gel*** oder ***Lösungen*** ein. Das jeweilige Präparat wird auf den Zahnflächen verteilt. Der Lack (Abb. 29) soll mehrere Stunden auf den Zähnen haften bleiben. Essen und Zähneputzen sind für einige Stunden zu unterlassen. Bei der Anwendung von

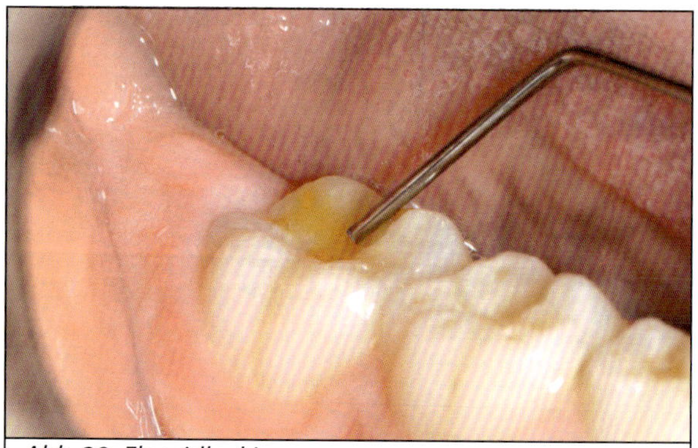

Abb. 29: Fluoridlackierung

Fluoridgel oder einer Fluoridlösung ist die entscheidende Reaktion des Fluorids mit dem Zahnschmelz bereits nach der Behandlungszeit abgeschlossen.
Gesetzlich versicherte Kinder und Jugendliche haben bis zum vollendeten 17. Lebensjahr gemäß Sozialgesetzbuch V, § 22 in jedem Kalenderhalbjahr Anspruch auf Fluoridanwendung. Diese Fluoridanwendungen werden auch im Rahmen der Gruppenprophylaxe von Jugendzahnärztinnen/Jugendzahnärzten durchgeführt. Schülerinnen/Schüler mit einem erhöhten Kariesrisiko sollen in spezielle Prophylaxeprogramme aufgenommen werden.

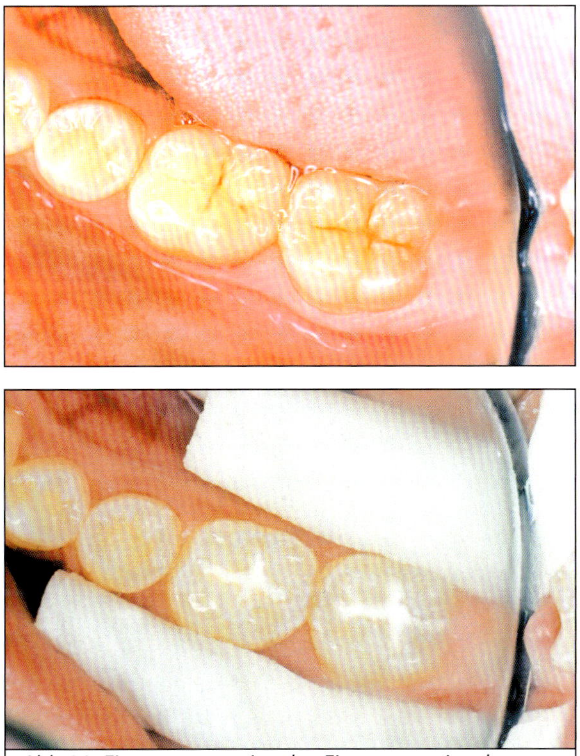

Abb. 30: Fissuren unversiegelt – Fissuren versiegelt

FISSURENVERSIEGELUNG

Unter ***Versiegelung*** (Abb. 30) versteht man das Verschließen der Grübchen und Furchen (= Fissuren) der Kauflächen der Backenzähne mit Kunststoffen. Versiegelungen werden in der zahnärztlichen Praxis durchgeführt (s. Sozialgesetzbuch V, § 22, [3]). Die Kauflächen werden gesäubert, getrocknet, die Fissuren mit Säure angeätzt und der Kunststoff mit Hilfe eines Pinsels oder einer Kanüle aufgetragen. Zur Aushärtung ist es notwendig, den Kunststoff einige Sekunden mit UV-Licht zu bestrahlen. Versiegelungen müssen – wie auch Füllungen – regelmäßig kontrolliert und, wenn schadhaft, erneuert werden. Fissurenversiegelungen erfolgen in der Regel nach Durchbruch der großen bleibenden Backenzähne.

ZAHNÄRZTLICHE BEHANDLUNG DER KARIES

FÜLLUNGEN

Eine Kariesbehandlung vollzieht sich in folgenden Schritten (s. S. 130, Abb. 31.1–31.4):

- Schaffung eines übersichtlichen Behandlungsfeldes durch Eröffnung der kariösen Stelle mit wassergekühltem schnell laufendem Diamantschleifer (Abb. 31.1).
- Entfernen der kariösen Stelle mit langsam laufendem Bohrer (Abb. 31.2).
- Vorbereitung des ausgebohrten Hohlraumes für die Aufnahme einer Füllung mittels wassergekühltem schnell laufendem Diamantschleifer (Abb. 31.3).
- Füllen des Hohlraumes mit einer insbesondere das Zahnmark gegen thermische und chemische Reize schützenden Unterfüllung und einer darüberliegenden Füllung, z. B. aus Kunststoff oder Metall (Abb. 31.4).

Es gibt verschiedene Füllmaterialien: metallische Füllungen (z. B. aus Gold, Silber, Amalgam), keramische Füllungen, Zemente und Kunststoffe. Füllungen müssen poliert sein. Damit wird das Anheften von Plaque erschwert und die Haltbarkeit der Füllungen erhöht. Richtige Gebisspflege trägt wesentlich zur Langlebigkeit von Füllungen bei.

WURZELKANALBEHANDLUNGEN

Ist die Schädigung eines Zahnes durch Karies so weit fortgeschritten, dass das Zahnmark mitbetroffen ist, können heftige Schmerzen entstehen, die in Schüben oder andauernd auftreten. Der Gang zur Zahnärztin/zum Zahnarzt ist zwingend. In manchen Fällen heilt eine behandelte Pulpa aus, in den meisten Fällen muß der Zahnarzt die gesamte Pulpa aus dem Zahn entfernen. Dies geschieht

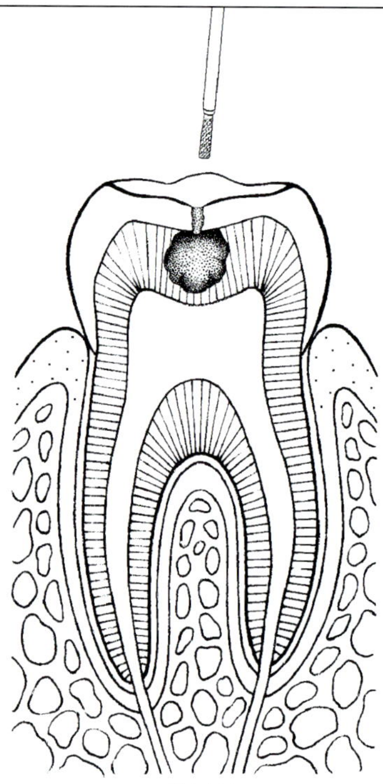

Abb. 31.1

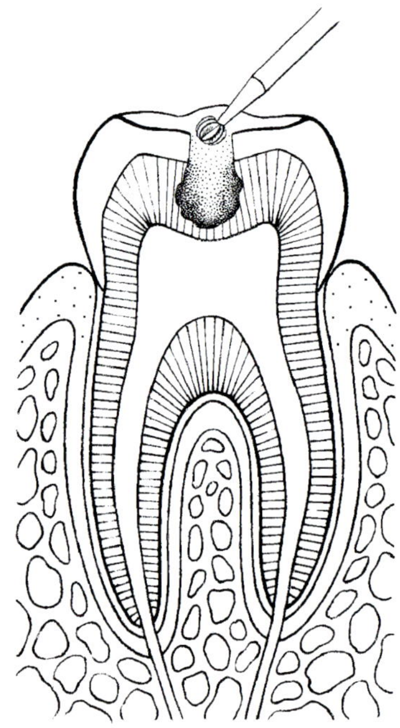

Abb. 31.2

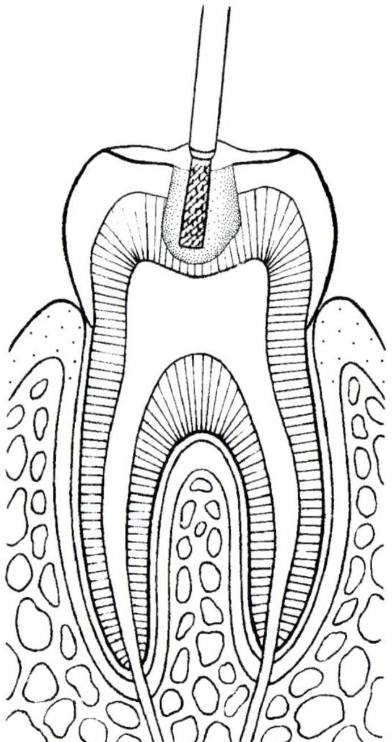

Abb. 31.3

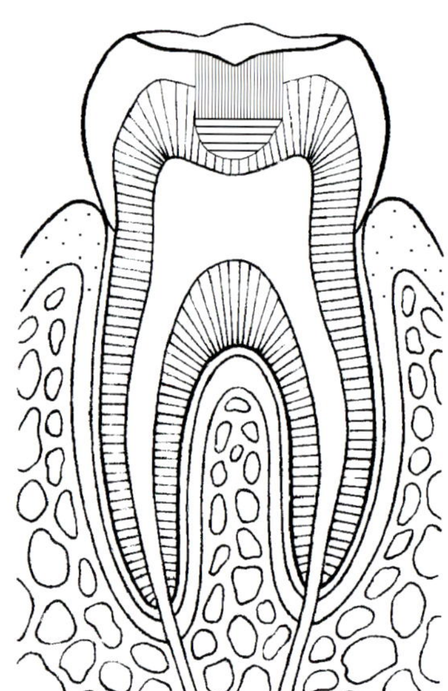

Abb. 31.4

Abb. 31.1–31.4: Behandlung eines kariösen Zahnes

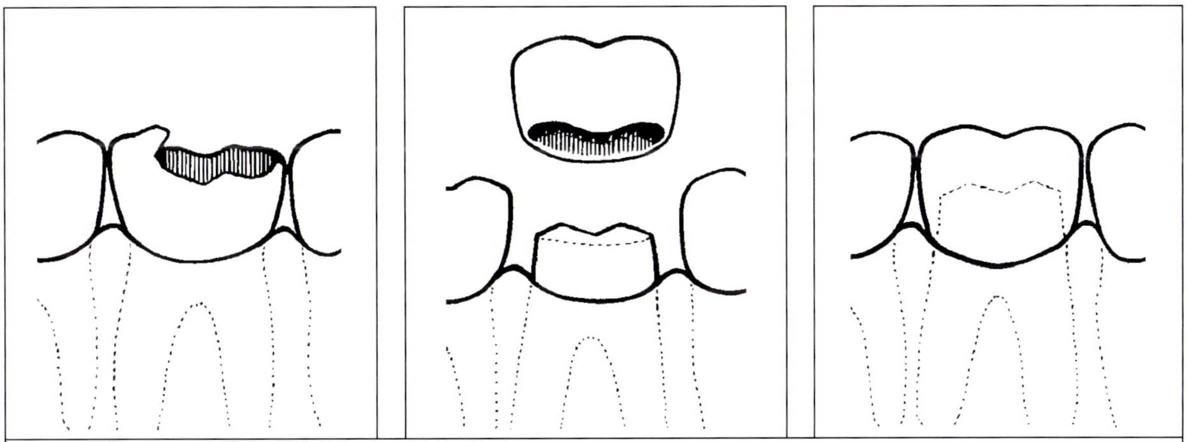

Abb. 32: Überkronen eines Zahnes mit einer Vollgusskrone

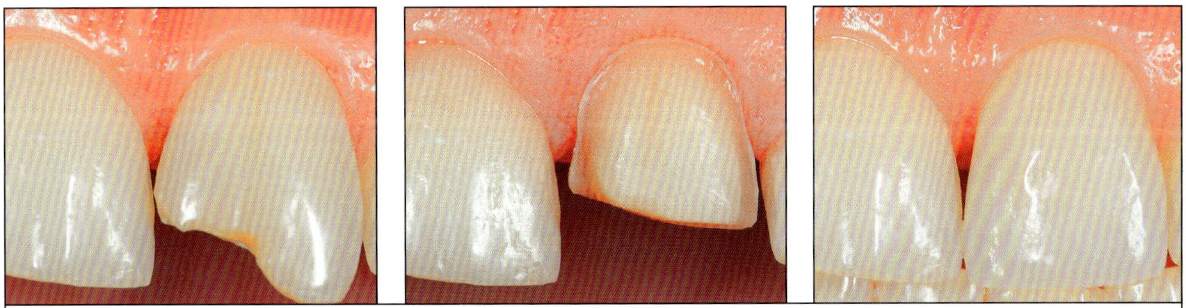

Abb. 33: Versorgen eines Zahnes mit einer keramischen Verblendschale

unter Zuhilfenahme von anästhesierenden Lösungen und Pasten und mit feinen Wurzelkanalinstrumenten. In einem meist zeitaufwändigen Verfahren werden die Wurzelkanäle mit kleinen Feilen von erkranktem Gewebe und von Bakterien gesäubert, erweitert und mit entsprechenden Einlagen desinfiziert. Bleibt der Zahn beschwerdefrei, werden die Kanäle mit Pasten oder Stiften gefüllt und fest verschlossen. Der wurzelgefüllte Zahn erhält nach einigem Zuwarten eine Füllung und gegebenenfalls später eine Krone.

KRONEN UND BRÜCKEN

Ist eine natürliche Zahnkrone derart kariesgeschädigt, dass eine Füllung für diesen Zahn nicht mehr möglich ist, so kann er überkront werden. Dazu wird der geschädigte Zahn präpariert, z. B. durch Beschleifen. Ihm wird – nach Anfertigung im Zahntechniklabor – ein passgenauer, gegossener, zahnformähnlicher „Hut" aus Metall, eine Krone, aufgesetzt: ***Vollgußkrone*** (Abb. 32).
Häufig werden ***Verblendkronen*** verwendet. Hierunter versteht man Kronen z. B. aus Edelmetall-Legierungen, die mit Kunststoff oder Porzellan überzogen („verblendet") sind. Eine andere Möglichkeit der Defektversorgung ist die keramische ***Verblendschale*** (Abb. 33). Die Farbe von Verblendkronen und Verblendschalen wird auf die Farbe der benachbarten natürlichen Zähne abgestimmt.

Eine Zahnlücke lässt sich schließen, indem die beiden die Lücke begrenzenden Zähne beschliffen und überkront werden. Ein Zwischenglied verbindet diese beiden Pfeilerzähne und füllt die Lücke aus. Entstanden ist eine ***Brücke.***

KIEFERORTHOPÄDISCHE BEHANDLUNG

Es gibt eine Reihe von Fehlstellungen im Bereich des Gebisses, auch Anomalien genannt. Grundsätzlich unterscheidet man zwischen ***Kieferfehlstellungen*** und ***Zahnfehlstellungen.*** Beide Formen können in einem Gebiss gleichzeitig vorkommen.

FEHLSTELLUNGEN UND IHRE URSACHEN

Fehlstellungen im Gebiss können verschiedene Ursachen haben. Neben den ***erblich*** bedingten gibt es die ***erworbenen*** Fehlstellungen. Diese können u. a. durch Lutschgewohnheiten oder durch den vorzeitigen Verlust von Milch- oder bleibenden Zähnen entstehen. Gegen erbliche Anomalien hilft keine Vorbeugung. Dagegen lassen sich bei Kindern – eingeschränkt – erwerbbare Fehlstellungen durch entsprechende Vorbeugemaßnahmen vermeiden. Zahnärztinnen/Zahnärzte können hierzu die notwendigen Hinweise geben.

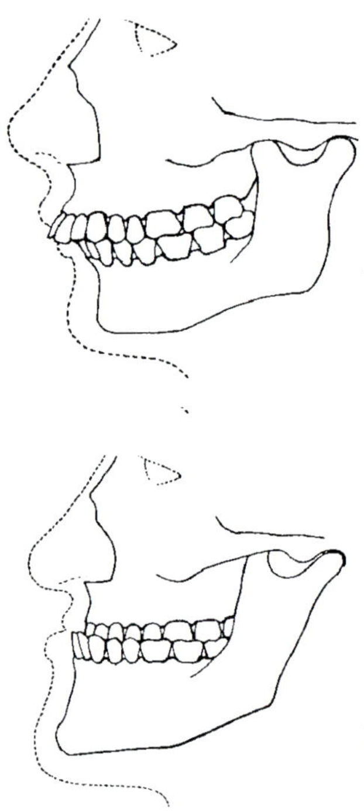

Abb. 34.1: Rückbiss

Abb. 34.2: Vorbiss

Abb. 34.1, 34.2: Kieferfehlstellungen

Fehlstellungen im Bereich des Gebisses können eine Reihe von Folgen haben, die sich auf die Gebissgesundheit auswirken. So sind z. B. bei engstehenden Zähnen die Zahnzwischenräume schwer zu reinigen. Das bedeutet ein größeres Risiko gegenüber Karies und Zahnbettererkrankungen.

Auf eine sorgfältige Gebisspflege ist deshalb hier besonders zu achten. Durch Fehlstellungen (z. B. „offener Biss") kann auch das Sprechen beeinträchtigt werden (Lispeln, Schwierigkeiten bei der Artikulation von Zisch- und Reibelauten). Fehlstellungen beeinträchtigen zudem die Funktion des Gebisses beim Abbeißen und Kauen der Nahrung. Außerdem spielen sie für Betroffene eine große Rolle, weil sie das Aussehen erheblich beeinflussen können.

Bei den ***Kieferfehlstellungen*** handelt es sich um Fehlstellungen der Kieferknochen bzw. um eine anomale Lage der Kiefer zueinander (z. B. Ober- und Unterkiefer können nicht funktionsgerecht geschlossen werden). Kieferfehlstellungen sind z. B.:

- der ***Rückbiss*** (Abb. 34.1):
  Rücklage des Unterkiefers im Verhältnis zum Oberkiefer, fliehendes Kinn, Oberkiefer wirkt vorgeschoben, nahezu immer erblich bedingt;
- der ***Vorbiss*** (Abb. 34.2):
  Vorbiss des Unterkiefers mit vorstehendem Kinn; Ursache: erblich bedingtes übermäßiges Längenwachstum des Unterkiefers.

Von ***Zahnfehlstellungen*** spricht man, wenn einzelne Zähne oder Zahngruppen nicht den ihnen zustehenden Platz einnehmen, z. B. wegen Platzmangels im Zahnbogen oder in Folge von Lutschgewohnheiten. Durch intensives Lutschen im Kleinkindalter kann eine Verformung des Oberkiefers entstehen, die sich auch auf die Stellung der Schneidezähne auswirkt. Die Folge ist ein ***offener Biss*** (Abb. 35), der in diesem Falle als Zahnfehlstellung bezeichnet wird. Der offene Biss kann aber auch Folge von Wachstumsstörungen der Kiefer sein. Hierbei handelt es sich dann um eine Kieferfehlstellung.

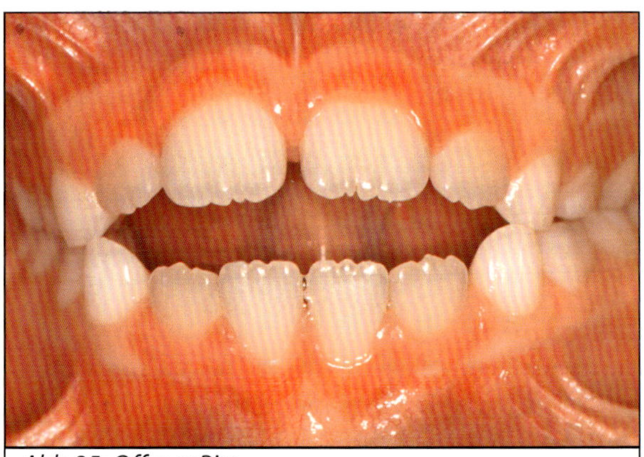

Abb. 35: Offener Biss

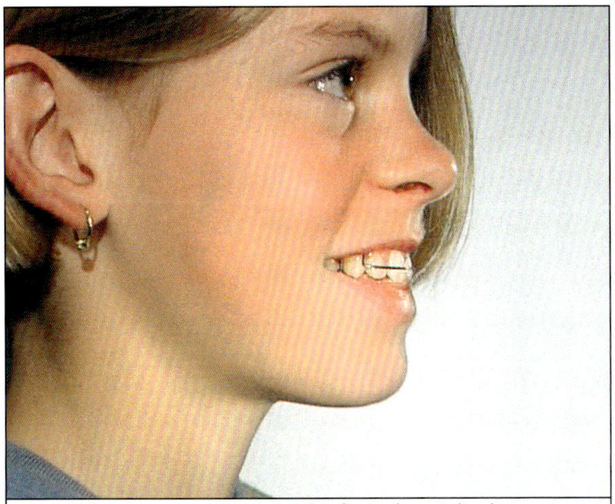

Abb. 36.1: Herausnehmbare kieferorthopädische Apparatur im Mund

Abb. 36.2: Herausnehmbare kieferorthopädische Apparaturen für Ober- und Unterkiefer (Dehnplatten)

Abb. 37.1: Festsitzende kieferorthopädische Apparatur

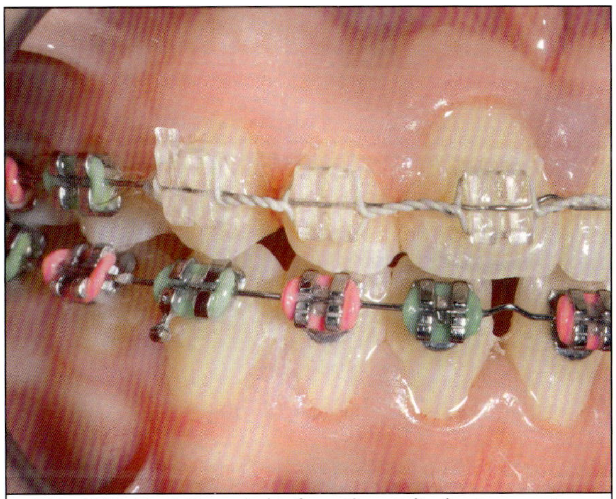

Abb. 37.2: Festsitzende kieferorthopädische Apparatur (Brackets mit Drähten)

Eine ***kieferorthopädische Behandlung*** hat in erster Linie die Verbesserung der Beiß- und Kaufunktionen zum Ziel. Sie bewirkt damit oft auch eine positive Veränderung der Mundpartie sowie des ganzen Gesichtes. Die richtige oder optimal erreichbare Stellung der Kiefer zueinander, das richtige Ineinandergreifen der Zahnreihen, die richtige Belastung der Zahngruppen beim Beißen und Kauen sollen durch eine kieferorthopädische Behandlung erreicht werden.

Über Zeitpunkt und Methode der Behandlung können nur kieferorthopädisch erfahrene Zahnärztinnen/Zahnärzte oder Kieferorthopädinnen/Kieferorthopäden entscheiden. Die Behandlung erstreckt sich oft über mehrere Jahre, es handelt sich schließlich um die Korrektur festgefügter, biologischer Strukturen (Zähne, Zahnbett, Kieferknochen). Für die Behandlungen, die meist im Wechselgebiss beginnen, steht eine Vielzahl herausnehmbarer und festsitzender Korrekturapparate zur Verfügung, die in der Umgangssprache „Zahnspangen" genannt werden.

HERAUSNEHMBARE UND FESTSITZENDE APPARATE („ZAHNSPANGEN")

Von den Korrekturapparaten sollen hier beispielhaft ***kieferorthopädische Dehnplatten*** erwähnt werden (Abb. 36.1, 36.2). Eine Dehnplatte ist eine ***herausnehmbare*** meistens zweigeteilte ***Kunststoffplatte,*** die im vorderen

Bereich eine Dehnschraube trägt, mit der eine Dehnung des Kiefers möglich ist. Die Platte hat außerdem für den seitlichen Zahnbereich Haltedrähte und für die Schneidezähne einen elastischen Draht zur Durchführung von Zahnbewegungen. Kieferorthopädische Apparaturen üben Druck und Zug auf Zähne und Kieferknochen aus. Durch biologischen Gewebeumbau werden einzelne Zähne und Zahngruppen oder auch der Unterkiefer insgesamt in die gewünschte Stellung bewegt.

In den letzten Jahren werden in zunehmendem Maße auch ***festsitzende Apparaturen*** verwendet (Abb. 37.1, 37.2). Sie arbeiten mit Brackets, elastischen Drähten, Druck- und Zugfedern und Gummizügen. (Brackets sind die auf die Zähne geklebten, für die Aufnahme von Drähten und Gummizügen vorgesehenen kleinen Anker.) Festsitzende Geräte haben Vorteile gegenüber herausnehmbaren Apparaturen:

- die Behandlungsdauer ist in der Regel kürzer;
- die Geräte verbleiben im Mund, ein Verlieren oder ein vorübergehendes „Nichttragen" gibt es nicht;
- das Sprechen wird kaum behindert.

Die Pflege festsitzender Apparaturen ist aufwändig. Hierfür sind entsprechende Kenntnisse und Disziplin notwendig. Durch festsitzende Geräte entstehen Nischen im Mund und an den Zähnen, in denen sich Essensreste und Zahnbelag festsetzen können, wodurch die Kariesgefahr steigt.

Grundsätzlich ist zu beachten:

- die Geräte müssen nach zahnärztlicher Anweisung getragen und sorgfältig gereinigt werden;
- Kinder bedürfen dabei der Unterstützung durch Erwachsene.

ERGÄNZENDE INFORMATIONEN

WAS IST VOM ZÄHNEBLEICHEN ZU HALTEN?

Zahnverfärbungen haben verschiedene Ursachen. Es können z. B. Tee- oder Raucherbeläge sein, die die betreffende Person durch behutsames Zähnebürsten mit „Zahnpasten für weiße Zähne" (s. S. 121) 1–2mal pro Woche mechanisch selbst entfernt. Diese Beläge können auch in Zahnarztpraxen entfernt werden.

Ein Zahn kann auch grau werden, wenn seine Blutversorgung z. B. nach einer Wurzelkanalbehandlung nicht mehr gegeben ist. In einem solchen Fall gibt es chemische Verfahren, die durch eine entsprechende zahnärztliche Behandlung oder unter zahnärztlicher Kontrolle – auch zu Hause angewandt – zu Aufhellungen führen. Nicht zu garantieren sind 100 %ige Erfolge oder Dauererfolge. Gebleichte Zähne können nach einiger Zeit wieder nachdunkeln. Sie lassen sich aber erneut bleichen. Zahnärztliche Diagnosestellung und zahnärztliche Überwachung sind unbedingt erforderlich.

WIE VERHÄLT MAN SICH, WENN EINE SOG. FRAKTUR ENTSTEHT, D. H. EIN STÜCK VOM ZAHN ABBRICHT?

Zu Frakturen kommt es häufig an Schneidezähnen, z. B. beim Sport oder bei Rempeleien. Es können danach Zahnschmerzen auftreten. Auf jeden Fall sollte zahnärztlich kontrolliert werden, ob der Zahn vital (unbeschädigte Pulpa) geblieben oder ob eine Pulpaschädigung eingetreten ist. Die Zahnärztin/der Zahnarzt wird, wenn nötig, eine Wurzelkanalbehandlung durchführen und das verloren gegangene Stück des Zahnes ersetzen.

WAS IST ANZURATEN, WENN EIN ZAHN AUSGESCHLAGEN WURDE?

Oberstes Gebot: Zahn feucht halten und sofort die Zahnärztin/den Zahnarzt aufsuchen. Am wenigsten aufwändig ist es, den Zahn in den Mund zu nehmen, in einer Backentasche aufzubewahren und sofort eine Zahnarztpraxis oder eine Zahnklinik aufzusuchen. Eine andere Möglichkeit bietet die sogenannte Zahnrettungsbox, in welcher der ausgeschlagene Zahn kurzfristig aufbewahrt werden kann, bis eine Zahnarztpraxis oder eine Zahnklinik erreicht ist. Zahnrettungsboxen sind über Apotheken zu beziehen (Kosten: ca. 20,– Euro). Sie enthalten eine Nährlösung. Rettungsboxen sind für den einmaligen Gebrauch bestimmt. Sie haben eine Haltbarkeit von zwei Jahren.

In der Zahnarztpraxis/Zahnklinik wird der ausgeschlagene Zahn gesäubert, und in sein ursprüngliches Knochenfach wieder eingesetzt (replantiert).

GEBISSSCHUTZ BEIM SPORT – IST DAS NOTWENDIG?

Es gibt Sportarten, wie z. B. Eishockey oder Boxen, bei denen ein Gebissschutz getragen wird. Empfehlenswert ist ein Gebissschutz auch für Inlinescater und Scateboarder. Umgangssprachlich verwendet man auch die Bezeichnung Mundschutz oder Zahnschutz. Konfektionierte Produkte kann man in Sportgeschäften kaufen, darunter solche, die in heißem Wasser verformbar gemacht und dann individuell angepaßt werden. Ein Gebissschutz kann auch in der Zahnarztpraxis hergestellt werden. Die Kosten sind vom Sportausübenden zu tragen.

IST MUNDGERUCH VERMEIDBAR?

Die Ursachen für unangenehmen Mundgeruch sind meist in der Mundhöhle zu suchen. Für die Geruchsbildung sind Bakterien verantwortlich, die sich zusammen mit Nahrungsresten und abgestorbenen Gewebeteilchen an Orten befinden, die für die Gebisspflege schwer zugänglich sind, wie z. B. Zahnzwischenräume, Zahnfleischtaschen und Kronenränder.
Ursachen für den Mundgeruch können auch im hinteren Zungenbereich, im Hals- (Rachenmandeln) und Nasenbereich liegen. Mundgeruch verschwindet oft durch Aktivierung der Mundhygiene.

IST ZÄHNEKNIRSCHEN HARMLOS?

Zähneknirschen und Zähnepressen sind meist unbewusste Bewegungen. Sie haben oft ihre Ursache in Stress und psychisch bedingten Verspannungen. Sie können zu entzündlichen und schmerzenden Muskel- und Kiefergelenkschädigungen führen. Folgen davon können auch Abrieb von Zahnhartsubstanzen, ja sogar Zahnlockerungen sein. Abhilfe ist möglich durch Gebissschienen, die die Zahnärztin/der Zahnarzt anpasst, manchmal auch durch zusätzliche psychologische Behandlung.

PIERCING IM MUNDBEREICH – GEFÄHRLICH!

Schmuck im Mundbereich (Lippen- und Zungenpiercing) wird vor allem von Jugendlichen getragen. Piercen z. B. unter Nichtbeachten hygienischer Vorschriften kann zu erheblichen Komplikationen führen. Die Piercings, die durch Zungen- und Lippenbewegung ständig an Zahnfleisch und Zähne anschlagen, können Zahnfleischverletzungen, Schmelzabrasionen und Schmelzfrakturen zur Folge haben.

6. Institutionen für weitere Informationen

ÜBERREGIONALE INSTITUTIONEN:

DAJ – Deutsche Arbeitsgemeinschaft für Jugendzahnpflege e. V.

Deutsche Arbeitsgemeinschaft für Jugendzahnpflege e. V.
Von-Sandt-Straße 9
53225 Bonn

Tel. 02 28/69 46 77
Fax 02 28/69 46 79
Internet www.daj.de
E-Mail info@daj.de

Geschäftsführerin: Frau Dr. Goepel

BZgA – Bundeszentrale für gesundheitliche Aufklärung

Bundeszentrale für gesundheitliche Aufklärung
Ostmerheimer Straße 220
51109 Köln

Tel. 02 21/89 92 0
Internet www.bzga.de
E-Mail infodienst@bzga.de oder order@bzga.de

BZÄK – Bundeszahnärztekammer

Bundeszahnärztekammer
Chausseestraße 13
10115 Berlin

Tel. 0 30/40 00 5-0
Fax 0 30/40 00 5-2 00
Internet www.bzaek.de
E-Mail info@bzaek.de

Vorsitzender: Herr Dr. Dr. Weitkamp
Stellvertreter: Herr Dr. Oesterreich, Herr Prof. Dr. Sprekels

Von der Bundeszahnärztekammer können die Adressen der Zahnärztekammern in den Bundesländern erfragt werden.

Aktion zahnfreundlich e.V.

Aktion zahnfreundlich e. V.
Danckelmannstraße 9
14059 Berlin (Redaktion)

Tel. 0 30/30 12 78 85
Fax 0 30/30 12 78 84
Internet www.zahnmaennchen.de
E-Mail info@zahnmaennchen.de

Geschäftsführerin: Frau Peters

INSTITUTIONEN IN DEN BUNDESLÄNDERN:

Baden-Württemberg

Landesarbeitsgemeinschaft für Zahngesundheit Baden-Württemberg e. V.
Albstadtweg 9
70506 Stuttgart

Tel. 07 11/2 22 96-60
Fax 07 11/2 28 45-50
Internet www.lagz-bw.de
E-Mail info@lagz-bw.de

Geschäftsführer: Herr Claussen
Sekretariat: Frau Hauber
Vorsitzender: Herr Dr. Lenke

Bayern

Bayerische Landesarbeitsgemeinschaft Zahngesundheit e. V. (LAGZ)
Fallstraße 34
81369 München

Tel. 0 89/7 23 39 81
Fax 0 89/7 23 57 01
Internet www.lagz.de
E-Mail LAGZ-Bayern@t-online.de

Geschäftsführerin/Sekretariat: Frau Beermann
Vorsitzender: Herr Dr. Michel

Berlin

Landesarbeitsgemeinschaft zur Verhütung von Zahnerkrankungen Berlin
Aßmannshauser Straße 4–6
14197 Berlin

Tel. 0 30/30 69 86-0
Fax 0 30/30 69 86 22
Internet www.lag-berlin.de
E-Mail info@lag-berlin.de

Geschäftsführer: Herr Grahlen
Sekretariat: Frau Hempel
Vorsitzende: Frau Dr. Reihlen

Brandenburg

Büro der zahnärztlichen Gruppenprophylaxe Brandenburg c/o VdAK/AEV Hans-Thoma-Straße 11, 14467 Potsdam	Tel. 03 31/28 99 2-31 Fax 03 31/28 99 2-13 E-Mail Carola.Donner@vdak-aev.de	Sekretariat: Vorsitzende:	Frau Donner Frau Dr. Rojas

Bremen

Landesarbeitsgemeinschaft zur Förderung der Jugendzahnpflege im Lande Bremen e. V. Universitätsallee 29 28359 Bremen	Tel. 04 21/2 02 51-0 Fax 04 21/2 20 07-31 Internet www.zaek-hb.de E-Mail lajb@zaek-hb.de	Geschäftsführer: Vorsitzende:	Frau Pleißner Frau Dr. Petersen

Hamburg

Landesarbeitsgemeinschaft zur Förderung der Jugendzahnpflege in Hamburg e. V. (LAJH) Möllner Landstraße 31 22111 Hamburg	Tel. 0 40/73 34 05-17 Fax 0 40/73 34 05-75 Internet www.lajh.de E-Mail et@lajh.de	Geschäftsführer: Sekretariat: Vorsitzender:	Herr Eisentraut Frau Kerpen/ Frau Biancoli Herr Prof. Dr. Sprekels

Hessen

Landesarbeitsgemeinschaft Jugendzahnpflege in Hessen (LAGH) Rhonestraße 4 60528 Frankfurt/M,	Tel. 0 69/42 72 75-1 95 Fax 0 69/42 72 75-1 05 Internet www.jugendzahnpflege.hzn.de E-Mail ross-daum@lzkh.de	Geschäftsführerin: Sekretariat: Vorsitzende:	Frau Roß-Daum Frau Kuhn Frau Dr. Thumeyer

Mecklenburg-Vorpommern

Landesarbeitsgemeinschaft zur Förderung der Jugendzahnpflege in Mecklenburg-Vorpommern Wismarsche Straße 304 19055 Schwerin	Tel. 03 85/5 91 08 14 Fax 03 85/5 91 08 23 Internet www.zaekmv.de E-Mail m.foerg@zaekmv.de	Sekretariat: Vorsitzender:	Frau Förg Herr Schneider

Niedersachsen

Landesarbeitsgemeinschaft zur Förderung der Jugendzahnpflege in Niedersachsen e. V. Vahrenwalder Straße 257 30179 Hannover	Tel. 05 11/3 50 55 45 Fax 05 11/3 50 22 72 Internet www.lagj-nds.de E-Mail lagj-nds@t-online.de	Geschäftsführerin: Sekretariat: Vorsitzender:	Frau Dr. Lehmann Frau Waltemate Herr Ernst

Nordrhein

Arbeitsgemeinschaft zur Förderung der Jugendzahnpflege in Nordrhein im AOK-Landesverband Kasernenstraße 61 40213 Düsseldorf	Tel. 02 11/87 91 12 50 Fax 02 11/87 91 12 58 E-Mail Robert.Schoell@t-online.de	Geschäftsführer: Sekretariat: Vorsitzender:	Dr. Schöll Frau Kerskes-Speck/ Frau Madrassi Herr Stier

Rheinland-Pfalz

Landesarbeitsgemeinschaft Jugendzahnpflege Rheinland-Pfalz (LAGZ) Brunhildenstraße 1 67059 Ludwigshafen	Tel. 06 21/5 96 9-1 56 Fax 06 21/5 96 9-1 81 E-Mail KZV.Pfalz@t-online.de	Geschäftsführer: Sekretariat: Vorsitzender:	Herr Stöbener Frau Dufanal Herr SR Dr. Stein

Saarland

Landesarbeitsgemeinschaft zur Förderung der Jugendzahnpflege im Saarland e. V. (Haus der Zahnärzte) Puccinistraße 2 66119 Saarbrücken	Tel. 06 81/5 86 08 20 Fax 06 81/5 84 61 53 E-Mail bkuntz@zaek-saarland.de	Geschäftsführer: Sekretariat: Vorsitzender:	Herr Assessor Kuntz Frau Woll Herr SR Dr. Röhrig

Sachsen

Landesarbeitsgemeinschaft für Jugendzahnpflege des Freistaates Sachsen e. V. Schützenhöhe 11 01099 Dresden	Tel. 03 51/8 06 63 30 Fax 03 51/8 06 63 40 E-Mail kontakt@lagz-sachsen.de Internet www.lagz-Sachsen.de	Geschäftsführerin: Vorsitzende:	Frau Bittner Frau Frenschkowski

Sachsen-Anhalt

Landesarbeitsgemeinschaft für Jugendzahnpflege Sachsen-Anhalt c/o AOK-Landesverband Sachsen-Anhalt Lüneburger Straße 4 39106 Magdeburg	Tel. 03 45/2 14 50 20 Fax 03 45/2 14 50 59 E-Mail Hans-Peter.Besnoch@SAN.AOK.de	Geschäftsführer: Vorsitzender:	Herr Besnoch Herr Paff

Schleswig-Holstein

Landesausschuss zur Förderung der Jugendzahnpflege in Schleswig-Holstein Westring 498 24106 Kiel	Tel. 04 31/26 09 26 70 Fax 04 31/26 09 26 15 E-Mail laj@zaek-sh.de	Geschäftsführer: Sekretariat: Vorsitzender:	Herr Dr. Ruff (ZÄK) Frau Wilhelms Herr Fachlam

Thüringen

Landesarbeitsgemeinschaft Jugendzahnpflege Thüringen e. V. Barbarossahof 16 99092 Erfurt	Tel. 03 61/7 43 21 14 Fax 03 61/7 43 21 50 E-Mail lagj@lzkth.de	Geschäftsführerin: Vorsitzender:	Frau Kozlik Herr Dipl.-Stom. Uhlig

Westfalen-Lippe

Arbeitskreis Zahngesundheit Westfalen-Lippe Auf der Horst 25 48147 Münster	Tel. 02 51/50 71 45 Fax 02 51/50 72 78 Internet heike.hagenhoff-beuse@zahnaerzte-wl.de	Geschäftsstelle: Vorsitzender:	Frau Hagenhoff-Beuse Herr H. W. Stie